監督たちの流儀

サッカー監督にみるマネジメントの妙

西部謙司 著

内外出版社

監督たちの流儀

目次

長期化する創業者　ミハイロ・ペトロヴィッチと西野朗の場合　59

継承力　森保一と長谷川健太と堀孝史と鬼木達の場合　79

リアリストの見る夢　反町康治と曺貴裁の場合　*111*

長期的戦略と監督えらび　日本代表監督の場合　*131*

装丁――――ゴトウアキヒロ

信念を貫くということ

ファン・エスナイデルの場合

ハイリスク

ジェフユナイテッド千葉に初のアルゼンチン人監督がやって来た。そして、まもなく食事のメニューからカレーが消えた。

消えたのはカレーだけではなく、チキンのトマト煮はチキンの素焼きに変わり、白米は玄米になった。ファン・エスナイデル監督にとって〝ソースは敵〟らしい。

「おかずを食べているのに、ご飯にカレーをかけて食べるのは余分だ。日本人は何でもソースをかけすぎる」

食い物の恨みは恐い。キャンプで厳しい食事制限をかけてきた新監督に対して、選手たちの反応は反発とまではいかないがそれなりに微妙な感じではあった。ただ、食事制限に関してはエスナイデル監督が正しいのではないかと思う。すべて正しいというより、食事をコントロールするという基本的な態度についてだ。日本はその点が逆にアバウトすぎるのではないか。

アルゼンチンの名監督、カルロス・ビラルドはゆで卵のゆで加減に厳しかった。練習のどれぐらい前にそれを食べるのか、そしてそれに最適な卵のゆで加減とゆで時間は何分なのか、ゆでる温度は何度なのか……代表監督がこんなことまで気にするのかと驚いたが、それは１９９０年ごろの話。かれこれ30年近く経っているにしては、日本の食事環境は緩すぎる。バイキング形式で何を食べるかは選手に委ねられている場合が多い。意識高い系の選手は自分で調べて食事の質と量をコントロールしているけれども、そうでないほうが多数派ではないだろうか。もちろん好きな物を好きなように食べるのは幸せだ。その幸せを奪いとられれば怒りすらおぼえるかもしれない。ただし、アスリートの食べ物はエネルギー源であり、ある意味エサである。美味いかまずいかよりも、必要な物を必要なだけ摂る。さらに正しいタイミングで摂取しなければならないのだ。

ペップ・グアルディオラはバイエルン・ミュンヘンの監督だったとき、試合後に決められた食事をしない選手の態度に悩まされ、失望していたという。これは最近の話なので、ドイツのトップチームでもすべてが徹底されているわけではないようだ。スペインでは徹底されていたのだろう。食べるのは仕事のうち、ちゃんと仕事してくれというのがペップの嘆きである。エスナイデルはアルゼンチン人だが、十代でレアル・マドリーへ移籍し、その後もスペインを中心にヨーロッパでプレーしていた。指導者になったのもスペインなので考え方もスペイン式なのだ。

ジェフ千葉の歴代監督には外国人が多い。オランダ人のヤン・フェルシュラインに始まってゲルト・エンゲルス（ドイツ）、ニコラエ・ザムフィール（ルーマニア）、ズデンコ・ベルデニック（スロベニア）、ヨゼフ・ベングローシュ（チェコ）、イビチャ・オシムとアマル・オシム（ボスニア・ヘルツェゴビナ）、ヨジップ・クゼ（クロアチア）、アレックス・ミラー（スコットランド）、ドワイト・ローデヴェーフェス（オランダ）。その後は日本人監督なので、外国人監督はオランダ人に始まってオランダ人で終わっていたが、ほとんどは東欧の監督である。南米出身はエスナイデルが初。アルゼンチンというよりスペインの監督に近いのでヨーロッパ路線からは外れていないのかもしれないが、スペインにしても初である。

今にして思えば、なぜこの人だったのかちょっと不思議だ。その理由はクラブ側から説明はあったけれども、エスナイデル監督があのサッカーをやるとは誰も知らなかったのではないか。

沖縄キャンプでヴェールを脱いだ新監督のサッカーはディフェンスラインの異様な高さが目を引いた。とにかく高い、あまりに高いので、GKはラインの背後に広がるスペースをカバーするために頻繁にペナルティーエリアを離れる。ボールをクリア、あるいは味方へパスするだけでなく、必ずといっていいほどヘディングしていたし、敵のFWにタックルしなければならないこともあった。GKの罰ゲームみたいだった。

ラインを上げているのは、前線からのハイプレスのためだ。息もつかせぬハイプレス、前へ前へと圧力をかけ、ディフェンスラインもそれに伴って押し上げる。ここまで高いライン設定はプレッシング時代の幕を開けた初期のACミラン以後では初めて見た気がする。

ハイリスクはハイリターンを見込んでのことだ。ここまでのリスクを負う以上、返ってくるものも大きいに違いない、何よりこのサッカーが上手くいくなら日本サッカー界に一石を投ずるかもしれない……と、無理矢理期待してみたのだが、シーズンが開幕するとやっぱりそんなハイリターンはないことがわかった。

どんな相手とやっても1失点は覚悟しなければならないサッカーで、普通に崩されることも考えれば2失点は計算に入れておかなければならない。ということは勝つためには3得点が最低必要である。毎試合3点とれるサッカーならば、確かに相当に画期的だ。それならJ2優勝は難しくない。だが、サッカーは2点とったら勝てるゲームである。どの国のリーグも1試合で記録されるゴール数は平均で3点を上回ることはほとんどない。つまり2―0になったら終わりのゲームなのだ。通常、3得点を前提に戦術を考えることもなければ、2失点を前提にすることもない。

しかし、エスナイデル監督は信念を曲げなかった。千葉は多くのアウェイゲームを落とすことになったが、そんなときでも監督のコメントは次の3種類に集約された。

1　良いプレーは出来たが運悪く得点をとれなかった

2　まずまず良いプレーはしたが相手も良いプレーをして勝てなかった

3　我々のプレーが酷く負けて当然の試合だった

注意していただきたいのは、プレーの良い悪いの基準は純粋に客観的なものではない。あくまでも監督の基準であり、もっといえばエスナイデル監督が目指すサッカーにおいて良かったかそうでなかったか。それでもプレーの善し悪しへの反省はあった。全くないのはプレースタイル自体への反省である。このサッカー、このスタイルで戦ったことが失敗だったとは決して言わなかった。自分たちのスタイルで戦い、しかも良いプレーをして負けたのであれば、それは仕方がないという考え方なのだ。

むしろエスナイデルの態度で目立ったのは、〝このサッカーをやる限り、このリスクは受け入れなければならない〟というものだった。例えば、GKが前進しているためにガラ空きになっているゴールにロングシュートを決められても、それはコストである。彼のサッカーを推進するにはディフェンスラインは高く設定しなければならず、GKも前進しなければならない、だからそういう失点があっても必要経費と考えなければならない。バルセロナのGKも同じような条件でプレーしている。ただ、千葉の場合はコストが高くなりすぎてコスト倒れしていた。

無人のゴールにシュートを決められたこともあったし、GKへのバックパスが相手へのラストパスになってしまったこともある。無理につなごうとしてカットされてモロにカウンターを食う、飛び出したGKとDFが衝突して相手FWが漁夫の利を得る……そんなコントみたいな失点がなくなることはなかった。

ただ、戦術が浸透していくに従って得点は増えた。一時は得点数でリーグトップになっていて、相手陣内への侵入回数、シュート数、クロスボール数など、攻撃面でのスタッツはいずれもトップクラスだった。それでいて順位は10位前後で変わらず。確かにリターンはあったわけだが、ハイリスクを帳消しにしてお釣りがくるほどのハイリターンではなかったわけだ。

ジェフ千葉は「昇格」を目標に掲げてきた。それも何年後に昇格ではなく、その年での昇格だ。それを8年間も続けている。エスナイデル監督が来る8年目まで、7回連続で目標を達成できていなかった。こういうケースでは目標を下方修正するものだが、プライドなのかスポンサー企業の手前それができないのか、J2降格以来その年での昇格という目標を下ろしたことがない。8年目もそうだったし、たぶんJ2での9年目も同じだろう。

ともかく昇格を公約してしまっている以上、そのための監督を選ぶはずである。ところがフアン・エスナイデル監督はそういうタイプではなかった。クラブ側はあそこまでハイリスクのサッカーをやるとは予想していなかったに違いない。そうでなくて、ハイリスクを承知でハイリターンに心を動かされたのだとすれば、言い方は悪いが投資詐欺に引っかかったようなものということになってしまう。あのハイリスクサッカーが直ちに勝ち点につながるとは普通考えない。

昇格という条件を外せば、エスナイデル監督は魅力的だ。リスクを負ってもアグレッシブで攻撃的なサッカーをしようという姿勢は、千葉に大きな影響を与えたイビチャ・オシム監督に通ずるものがある。ただ、オシム監督の場合はすでに旧ユーゴスラビア代表やゼレズニチェル、パルチザン・ベオグラード、シュトルム・グラーツでの実績があった。エスナイデル監督はヘタフェを解任されたばかりで、それ以前にはサラゴサBとコルドバを率いたが、お世辞にも好成績とは言い難い。そのときのチーム事情はあるにしても実績はないに等しい。勝率でいえば千葉が一番いいぐらいなのだ。エスナイデルは魅力的なサッカーをやろうとしているが実績はなく、これから監督として伸びていくかどうかという人物だった。

監督とともにチームが成長していく。クラブとしてはそういう歩み方もある。昇格という目標設定とは矛盾するが、それを除けば悪い選択とはいえない。そもそもサッカーで何のリスクも冒さないでいるのは無理なので、ハイリスクといっても程度問題である。そしてリスクを負うサッカーには魅力がある。

ＦＣ岐阜の大木武監督もハイリスクの人だ。

ヴァンフォーレ甲府や清水エスパルスなどを率いてきた大木監督のサッカーは独特である。フィールドの左右、どちらかにほとんどの選手が集結する「クローズ」と呼ばれるスタイルが特徴だ。狭いところに相手を封じ込めるのは守備においては有利だが、狭くなってしまえば攻撃は難しい。しかし、その狭い地域をくぐり抜けてしまえば相手ゴール前で決定的なチャンスを作ることにつながる……。アトレティコ・マドリーのディエゴ・シメオネ監督がこの「クローズ」とよく似たスタイルを採用していたが、大木監督のほうがずっと前にやっていた。ただ、大木監督とシメオネ監督はおそらく違う考え方をしていて、結果が同じだけなのだと思う。

シメオネは強力な守備を築き上げた。アトレティコは強固な守備と鋭いカウンターアタックでリーガ・エスパニョーラを二強（レアル・マドリーとバルセロナ）から三強の時代へ変えた。しかし、アトレティコは自分たちがボールを持ったときのプレーに課題があった。堅守速攻型の避けられない課題といえる。とはいえ、守備型のチームを急に攻撃型には変えられないし、それをやってもレアル、バルサには勝てないので意味がない。そこで、シメオネは守備の強度を落とさないまま攻撃する方法として「クローズ」を採用している。狭いエリアでの攻撃は容易ではないが、ボールを失っても狭いエリアでプレスを仕掛けられる。守備力のあるアトレティコはボールの奪い合いに有利なので、奪い返しての波状攻撃を仕掛けられるというわけだ。

一方、大木監督の場合はアトレティコとは発想が違う。

「コンタクトプレーに弱いなら、当てなければいい。パスで逃げてもう1回受ければいいんじゃないかな」

「長い距離を走れないならスモールスペースでやればいい。背が大きくないのでロングボールを蹴られたらやられるというなら、前からプレスすればいい。簡単だと思うんだけどな、俺だけかな？　そんな単純に考えているのは」

大木監督の言葉を断片的に拾ってみても、発想の出発点が守備ではないとわかる。「前からプレス」と言っているので守備の要素も入っているが、むしろプレーするエリアとして広いほうと狭いほうがあるなら、狭いほうがいいという考え方なのだろう。シメオネ監督の場合は攻めにくいことを承知のうえで狭いエリアを選択しているが、大木監督は狭いエリアを守りやすいだけでなく攻めやすいと考えているのだ。

サッカーのセオリーでは広く攻撃するほうが有利とされているので、大木監督の狭く攻撃するというやり方を採用しているチームは他にない。狭い広いを問題にしていないチームはあっても、わざわざ狭くすることはない。ところが、非常に特殊な戦術なのに大木監督には需要がある。甲府の監督を2回、ほかに清水、京都サンガ、岐阜、その合間には日本代表のコーチを岡田武史監督下で務めた。ほぼ切れ目なくオファーがある。

大木監督のリーグ戦最高成績はＪ１の11位（２００３年、清水）だ。カップ戦では11年の天皇杯準優勝（京都サンガ）がある。それ以外はＪ２でも優勝はない。決して常勝監督ではないにも関わらず高い評価を得ているのは、その指導力とスタイルが共感されているからだろう。大木監督自身はとくにハイリスクな戦法とは思っていないかもしれないが、片側に偏るサッカーは空いている半分がアドバンテージになる一方、大きなリスクにもなる諸刃の剣といえる。それでも技術を掘り下げたサッカーは選手のスキルを向上させ、何よりも上手くなることで勝とうとする姿勢が支持されているのではないか。

外国人監督の戸惑い

フアン・エスナイデル監督は日本のチームを指導することに「やりやすさ」を感じているという。

「戦術の理解も早いし、実行しようとする意欲もある」

十代でスペインへ渡り、イタリア、フランス、ポルトガルでもプレーしたエスナイデルは常に移住を繰り返してきたサッカー界の〝ノマド〟だ。ただ、アジアは初めてだから戸惑いはあるだろうが、

「私が適応しなくてはいけない立場です」

適応を繰り返してきた人物らしい。とはいえ、それだけに日本選手に足りない部分もはっきりと見えるようだ。

「選手自身の解決能力が足りない。サッカーはカオスな状況が多々発生するもので、そのときには試合前の監督の指示を忘れて適応しなければならないし、選手個人のイマジネーションも必要になる」

エスナイデル監督の戦術は日本人選手にとっては特殊といっていい。今までにはない要求も多く、まずそれを実行することに意識がいく。指示と違うことはやりにくくなる時期があるので、選手が持っていた判断基準との差を埋めていく作業をしなければならない難しさがあり、その時期には監督の基準に合わせようとしすぎてしまう。ただ、それを差し引いても日本人が監督の指示を一時的に忘れて、個人のアイデアで状況を打開するのが苦手だという指摘は当

たっている。ほとんどの外国人監督が理解できず、理解しても苦労するところだ。

「戦術よりも教育によるところが大きいのではないか」

教育、もっといえば社会。喝破していると思う。日本のエリートに求められているのは独創性ではなく情報処理能力だ。エリートでない人々に求められているのは従順で規則を守ること。どっちにしても他と違うこと、はみ出す者は生きにくい社会といえるかもしれない。そんな社会で、監督の指示を無視して違うことをやり始める選手がどんどん育っていたら、そのほうが不思議だろう。

アビスパ福岡で監督を務めたカルロス・パチャメは、1986年ワールドカップに優勝したアルゼンチンのコーチだった。パチャメ監督は福岡で徹底したマンツーマンディフェンスを指示していた。ところが、マークを受け渡せば何でもないところでマンツーマンを続行したために失点すると、「どうして受け渡さないんだ!」と怒っていたそうだ。日本人にとっては理解不能な反応といえる。なぜなら監督はマンツーマンと指示しているからだ。指示どおりプレーして怒られる意味がわからない。しかし、アルゼンチン人にとっては逆に日本人が理解できない。失敗することがわかりきっているのに、なぜ指示どおりやろうとするのか、それがわからないのだ。

試合に勝つという目的は監督も選手も同じである。監督は勝つために戦術を授け、メンバーを決め、トレーニングを主導する。選手は基本的には監督のやり方に従ってプレーする。ただ、すべて監督が正しいわけではない。というより、サッカーはすべてを監督の指示どおりにプレーできないスポーツなのだ。プレーは流れているし状況も変化する。すべての判断に監督が関わることは不可能であり、試合前の指示すらも無視してもらったほうがいい場合さえある。

ジェフ千葉ではボールを持っている相手選手に対しては前へ出てプレスする。それがエスナイデル監督の守備戦術なので、選手は基本的にはそうしなければならない。ただし、例えばプレスしたらかわされるとわかっている状況で突っ込んでかわされピンチを招くとしたら、それは良い判断とはいえない。そこは選手の感覚とその場の状況で判断して、失敗すると感じたらプレスを思いとどまったほうがいい。ところが、監督の指示どおりにやろうとするあまりに無理とわかっているのに突っ込んでミスになってしまう、そういうケースが多いのだ。試合前の指示も、状況によっては変えたほうがいい場合もある。ベンチの指示を待つことなく、選手たち自身で感じとらなくてはならない。ただ、どこまで監督の指示に従い、どこから選手の自己責任でやっていいかの境目を見つけるのが日本選手は苦手なのだと思う。

木を見て森を見ず。いってみれば日本の選手は木を見るのは得意だが、森を見るのは不得意なのかもしれない。結果を出すために監督は指示をしているので、要は結果が良ければ指示を無視してもかまわない。良い結果を出せるかどうか、そこに判断の基準を置けばそんなに難しいことではないはずなのだ。しかし、言われたことをどこまで忠実に表現するかで評価が決まる社会に生きている日本人にとってはそれが意外と簡単ではない。

千葉の10番、町田也真人はエスナイデル監督の意向を図りかねていた時期があった。監督の指示どおりの動きをしても効果的でないと感じるときがあり、逆に自分ではどうかと思うプレーを褒められたりする。どうも監督には〝10番に求めるプレー〟があるようだと、途中で気がついた。

「もうボールを持ったら全部勝負してやろうと思うようになりました」（町田）

それが自分のプレースタイルとしてどうなのかという疑問は残る。だが、それが自分への期待なのだと理解した。

町田が察したように、おそらくアルゼンチン人にとって10番は特別なポジションなのだと思う。中村俊輔とオズワルド・アルディレス監督のエピソードを紹介したい。

柏レイソルとの試合、横浜Fマリノスの10番・中村俊輔は明神智和にマンツーマンでマークされていた。あまりにもピタリとついてくるので、中村は自分が囮になってチームメイトを生かそうとした。すると、ハーフタイムにアルディレス監督から〝ダメ出し〟されたという。

「ナカさん、逃げたらダメだ」

ハーフタイム、アルディレス監督は「すべてナカさんにパスしろ」と言い始める。ゴールキックも渡せと。そして、中村には「かわせ」と指示した。

「相手の作戦はあれしかない。かわせば、一気に視界が開ける」

そして、こうつけ加えたそうだ。

「マラドーナはそうだったぞ」

アルディレスはアルゼンチン代表にデビューしたときからのディエゴ・マラドーナを知っている。その〝オジー〟から言われれば意気に感じずにはいられない。中村への信頼と期待を表し、10番の力を見せつけてやれと言っていたのだから。

技術とアイデアの飛び抜けた選手が付ける10番は、個人のイマジネーションとテクニックで状況を打開することを期待されている。ある意味、監督の指示を無視して結果を出してくれることを最も期待されている選手なのだ。実際、エスナイデル監督は町田がドリブルで勝負してボールを失ったのに拍手していたことがあった。

エスナイデル監督と千葉の選手たちとの感覚的なギャップは、シーズンの進行とともに少しずつ埋まっていった。高すぎるディフェンスラインは状況に応じて適度に下げるようになり、それにしたがってGKの苦行も軽減された。パスをつなぐべきところと、ロングボールを蹴るところも、次第にクリアになってミスが減った。まあ、それでも互いに完全に理解し合えたわけではないが、開幕時に比べればかなり整理がついたといえる。

当初ほど千葉のサッカーは特殊でもなくなった。見慣れたせいもあるかもしれない。ただ、普通になったわけではない。ハイリスクなのはそれほど変わりなく、ハイリターンを求め続ける姿勢も一貫している。同じスペイン系指導者でも東京ヴェルディのミゲル・アンヘル・ロティーナ監督は現実に合わせて戦術を調整していた。徳島ヴォルテスを躍進させたリカルド・ロドリゲス監督は対戦相手に合わせながら自分たちの特徴も出す戦術的な柔軟性が優れていた。同じスペイン系でもエスナイデルほどのゴーイング・マイウェイ感はない。ひょっとしたら、エスナイデル監督がアルゼンチン人だからかもしれない。

人生に貼りついたサッカー

マウリシオ・ポチェッティーノが初めて監督に就任したのはリーガ・エスパニョーラのエスパニョールだった。リーグ戦の最中の就任で、その週末にはバルセロナとのダービーマッチを控えていた。当時のバルサといえばグアルディオラ監督が率いていた黄金時代である。

「高い位置からプレスをかけていく」

ポチェッティーノ新監督はそう選手たちに宣言したそうだ。自殺行為だと思った選手もいたに違いない。たった2、3回の練習を経てバルサを迎えたエスパニョールは、監督の宣言どおり果敢に前線からプレッシングを敢行、0—0のドローに持ち込んだ。試合後、なぜ無謀ともいえるハイプレスをやったのかと質問されたポチェッティーノ監督は「それしか知らないからだ」と答えた。

「ハイプレスのアイデアをどこで得たのか？　それはそういう性格だからですよ。私が誰であるか。ピッチ上では自分が誰かを示すことになる。もし人生において勇敢なら、ピッチ上で違うプレーをすることはできません。私は違う方法を知らないんです。常に勇敢であることを好むからです」

ポチェッティーノはアルゼンチン人だ。エスパニョールで手腕を発揮した後、プレミアリーグに渡り、現在はトッテナム・ホットスパーを優勝争いの常連に導いている。現代の名将の1人だ。

アルゼンチンが生んだ最高の選手の1人であるアルフレード・ディ・ステファノは監督としてもレアル・マドリー、バレンシア、ボカ・ジュニアーズ、リーベル・プレートなどを率いた。あるとき、彼の指揮下のチームが紅白戦をしていると突然試合を止めて、全員を集合させた。

「ボールは何で出来ている?」

監督は選手たちにそう聞いたという。

「いいか、ボールは牛の皮で出来ているだろう。牛は何が好物だ？　草だ、草だろう。だからボールは草の上にあるときに幸せなのだ。空中に蹴ってばかりではいかん」

要はグラウンダーのパスを使えという話なのだが、たとえが何だか微笑ましい。どういうときにボールが幸せかという言い方は、このレジェンドのサッカー観に通ずるところがあるような気がする。幸福なサッカーとは何か、選手にとって、観衆にとって、ボールにとって……ディ・ステファノは最高のエンターテイナーで観客を喜ばせることに長け、彼の銅像に「ありがとう」とサッカーへの感謝の言葉を彫らせたことで知られている。

1978年ワールドカップでアルゼンチンを初優勝に導いたセサル・ルイス・メノッティ監督は、「サッカーは人民に寄り添うものである」と語る。

「豊満かつ芸術的で人々に崇拝されるもの」

それこそサッカーだとメノッティは言う。この人は政治的にも左派を明言していて、自分のサッカーも「左翼」と分類している。ボールは草の上にあるべきだと言ったディ・ステファノと同じタイプであり、パスワークと創造性に重きを置いた攻撃型の戦術を採っていた。ちなみにメノッティが代表監督を務めていた時期のアルゼンチンは軍事独裁政権のど真ん中だったのだから皮肉な巡り合わせである。

アルゼンチンにはメノッティが「右翼」と呼ぶ堅守速攻型のスタイルもあり、現在ならディエゴ・シメオネ監督が筆頭格だが、過去にはカテナチオを世界に広めたエレニオ・エレラ（フランス、スペイン、イタリア人でもあるが）、ファン・カルロス・ロレンソ、そしてメノッティと対極といわれるカルロス・ビラルドなどがいる。ただ、いずれにしてもキャラが濃い。〝変人〟として有名で、ポチェッティーノの師匠でもあるマルセロ・ビエルサは彼の哲学や人生観とサッカーが切り離せないことが誰の目にもわかる。

監督のパーソナリティーが強烈で、それがサッカーのスタイルと切り離せないのはアルゼンチン人に限ったことではないが、戦術が勝つための合理性にとどまらず、その人の生き方に結びついてしまっているのはアルゼンチン人監督の共通点なのかもしれない。

「これはオプションです」

エスナイデル監督はハイプレスを控えた試合もしている。ＦＷはセンターサークルまで下がり、そこから守備を始めていた。ハーフウェイラインあたりから守備をスタートさせ、コンパクトな守備ブロックで迎撃する、いわば普通の守備である。今後もこういう戦術なのかという質問に対する回答が「オプション」だった。オプションにすぎないので、これがメインにはならないと答えていた。勝ち点をとるために、カウンター型に変えるつもりはないのかと重ねて聞くと、

「私がこれまでそれをしたことがありましたか？（ないですよね、これからもない）」

ないんだ……少し残念だった。というのも、千葉はアウェイの戦績が悪く、ホームとの違いが歴然だったからだ。アウェイでは少し守備にウエートをかけてカウンター狙いにすれば、勝てるのではないかと思っていたので少し残念だった。

J2はJ1より当然クオリティが落ちる。大きな違いはプレスされるとビルドアップが覚束ない、そして相手に引かれてしまうと崩せない。この2点である。だからJ2仕様の戦術というものも存在する。基本的には人数をかけて引いて守る、そうすれば相手は崩せない。攻撃は背の高い強靱な1トップへロングボールを蹴り、こぼれ球を拾って攻め込む。手数をかけないほうが得点になりやすいからだ。もう1つは、相手のビルドアップにハイプレスをかけて高い位置で奪ってのハーフカウンター、ただしほぼ序盤だけで基本的には引いて守る。この戦い方に向いているのが3―4―2―1のシステムで、J2ではやたらこのシステムが多い。他国にもあまり見られないJ2特有の傾向だ。

千葉はホームで強かった。しかしアウェイでは弱い。ただ、アウェイでコテンパンにやられているわけではなく、ほとんどは押し気味に進めながら点がとれず、カウンターや自滅的な失点でやられていた。自分たちのスタイルにこだわりすぎていた。だからアウェイでは相手にボールを持たせてみてはどうかと思っていたのだ。引かれれば相手は困る、そして千葉はカウンターアタックが強力。相手はホームゲームなので攻めないわけにもいかないだろう。千葉も引かれるとなかなか崩せなかったが、カウンターなら十分点はとれそうだった。

エスナイデル監督は終盤に負傷者や出場停止者が出て、やむなく4―4―2に変えた。戦い方自体は変わらないが、4―3―3から4―4―2に変えたことで守備が安定してカウンターの機会が増えた。すると途端に勝ち始めた。相手の1トップへのロングボールに対して、ボランチが1人から2人に増えたのでこぼれ球を拾いやすくなった。そして、攻撃ではそれまでサイドで起用していた船山貴之を2トップの一角に置いたことでカウンターアタックの威力が増した。この2点が4―4―2に変えてからの変化である。

「私は4―3―3のほうが好み」（エスナイデル監督）

4―4―2への変更はあくまで仕方なく、だった。しかし、それによってJ2戦法へ対抗できるようになった。サッカーでは大きなイノベーションや発明的な変化が起こるが、それらの多くが実は偶然から生まれている。ジェフ千葉に起こったことも偶然が発端だった。一方で、

「勝っているチームは変えるな」というサッカー界の格言があり、千葉は偶然手にしたものを手放さなかった。

終わってみればリーグ戦終了までの7連勝でリーグ中位から6位へ上昇、J1昇格プレーオフ圏内に滑り込んだ。

プレーオフ出場が決まったのは最終節のロスタイムだった。守備の重鎮である近藤直也が最前線に上がり、GK佐藤優也までゴール前へ来ていた。CKから近藤のヘディングシュートが決まって横浜FCを2―1で下したとき、東京Vが徳島に勝っていた。松本山雅が負け、東京Vと徳島の試合に決着がつくこと、これが千葉の6位になれる条件だったのだが何とそれが実現してしまった。他力もいいところだが、終盤の勢いから何かが起こりそうな予感はあった。1万5000人を超える観客が来場したのも、たんにリーグ最終戦という理由ではなかったはずだ。ジェフ千葉は何かを期待していいチームになっていたのだ。

あそこまで頑固に自分たちのやり方にこだわらなければ、もう少し早く結果は出ていたかもしれない。

エスナイデル監督は対戦相手の情報をあまり選手たちに入れないようにしていた。映像も見せない。コーチングスタッフは見ていたが、相手の情報は最小限しか選手には伝えなかった。また、相手に合わせて戦術や選手を変えることもない。フォーメーションを変え、選手も代えているが、あくまでも自分たちの都合である。相手に合わせてプレスのかけ方ぐらいは準備しても、まずは自分たちのプレーに専念というやり方である。対戦相手を徹底的に分析し、拾えるものは何でも拾って勝ち点をとろうとしている他チームから見れば、傲慢にも見えただろう。

だが、エスナイデル監督は信じていた。自分たちのサッカーを貫けば、勝利は自ずと手にすることができるはずだと。違う言い方をすると、自分たちのサッカーを貫いて負けたのであれば、それは仕方のないことだと。その意味で、エスナイデルはグッド・ルーザーといえる。

プレーオフ準決勝は名古屋グランパスとの対戦だった。名古屋とは2週間前に豊田スタジアムで対戦して千葉が3―0で快勝していた。この名古屋戦は2017年のベストゲームだった。風間八宏監督率いる名古屋のパスワークを力一杯のハイプレスで破壊し続け、個の決断力に溢れる仕掛けからチャンスを作り続けた。試合途中、エスナイデル監督はあまりに素晴らしいプレーぶりに涙ぐんでいたぐらいだった。

「チームは私の要求をほとんど実行できている。また、私の言うとおりにプレーしているだけでもない。やりたいことが合致している状態。あとはありったけの情熱をぶち込んだ結果です」

（エスナイデル監督）

これは名古屋戦の次戦、最終節の横浜FC戦後の「7連勝の要因」について聞かれたときの回答だが、千葉の選手たちが自らの判断で的確にプレーできるようになったことへの感動が表れている。外国人監督が日本のチームを率いるときの壁を越えたわけだ。監督の戦術を実現するだけでなく、選手たちの判断でプレーし、かつそれが監督の期待を裏切らない、監督と選手の「やりたいことが合致している状態」になった。この段階に至って、はじめて本当の意味で監督の戦術がチームに浸透したといえる。

エスナイデル監督は特異な戦法を持ち込み、選手たちには当然戸惑いがあったが、やがてフィールド上の問題を選手自身が解決するようになっていった。例えば、ハイラインをどういうときに下げるのかについてはエスナイデル監督から適切な指導がなく、近藤を中心に選手側が調整をしている。それで上手く機能したのでエスナイデルは何も言わなかった。偶発的に生まれた4―4―2の効果についても追認する形だった。何もかも監督の意図どおりに進んだわけではない。監督と選手と偶然の共同作業だった。ただ、無理にも思えた監督の戦術がある意味選手たちを鍛え上げていった側面があったのも確かである。

エスナイデルは良くも悪くも指導者タイプなのだろう。勝負師ではない。それは名古屋とのプレーオフにも表れていた。

名古屋にはリーグ戦の2試合でどちらも快勝していた。千葉のハイプレスをロングボールで回避しようとせず、パスワークで外そうとする名古屋は真っ向から勝負できるという点でやりやすいチームだった。エスナイデル監督は名古屋について「J2で最も力のあるチーム」と話していて、J2最多得点の名古屋を甘くみていたわけではない。しかしそれ以上に、素晴らしい試合が期待できる名古屋と戦えることを素直に喜んでいるようだった。

プレーオフ、風間監督は小さな仕掛けを用意している。4バックから3バックに変え、2週間前には途中出場だったロビン・シモビッチを先発させた。3バックは、千葉の2トップに対して1人余る形で後方のパスワークに余裕を持とうとしたからだろう。そして199センチのシモビッチを前線に据えることで、前がかりにプレスしてくる千葉の逆をとってロングボールを打ち込む。名古屋はプレースタイルを一変させたわけではないが、小さな変化で過去2試合での千葉のアドバンテージだったハイプレスを巧みに回避した。風間監督もエスナイデルと同類のゴーイング・マイウェイ型だが、ここという試合では相手の意表をつく采配をする。むしろ常套手段といっていいかもしれない。普段が「自分たちのサッカーをやるだけ」という態度で一貫しているので、たまに変化をつけたときの効果も大きい。

千葉も対応はしていた。シモビッチの先発は予想していたはずだ。最終節でも先発していたからだ。3バックについては試合が始まってからの対応だったが、佐藤勇人がシモビッチのパスコースを切る位置をとり、船山が引いて相手のボランチをつかまえる形で守備を整えている。このあたりは監督からの指示ではなく、選手の判断で上手くやれていた。名古屋の千葉対策は試合を決めるほどの影響力はなかったと思う。ただ、それによって千葉の優位性が削りとられたのも事実だった。エスナイデル監督は風間監督が「何かをしてくる」ことは予想していたが、自分たちが何かを仕掛けるつもりはなかった。千葉に連敗している相手が何かしてくるとしても、自分たちはいつもどおり戦えばいいと話していた。

エスナイデルは采配が下手な監督ではない。試合中の修正や選手交代は上手いほうだと思う。しかし、本質的に教育者であって勝負師ではないのだ。そしておそらく、ポチェッティーノの言葉を借りれば「違う方法を知らない」のだと思う。知識として知らないのではなく、彼の人生と不可分であるサッカーのやり方として、他の方法を採れないのだ。

「4歳からサッカーを始めて、多くのことを学んだ。サッカーのない人生など考えられない」

ファン・エスナイデルはこれからも変わらないだろう。正気の沙汰ではないような高いラインも、勇敢なプレスも、彼の人生そのものだろうから。

自分のスタイルを貫く監督でも、ときには「仕事」をする。いつもどおりのやり方で難しいと思ったとき、例えばミハイロ・ペトロヴィッチ監督は「仕事」と称して、いつもと違う守備重視のプレーをさせることがまれにあった。エスナイデル監督に「仕事」をする気はあるのかと聞くと、いつものように答えていた。

「私が今までそれをしたことがありますか？」

天才選手は天才監督になりえるか

風間八宏の場合

名選手は名監督になれないか？

風間八宏はサッカー王国・清水で育った。小学生のころから抜きんでた技術と感性を持ち、少年サッカー界で最強だったオール清水のメンバーだった。清水市商業高では大瀧雅良監督をして「教えることがない」と唸らせ、1979年に日本で開催されたU―20ワールドユース大会では最年少組として選出されている。筑波大学を卒業すると、日本リーグには入らずドイツへ渡ってプロとしてプレーする道を選び、その後、日本でプロ化が決まるとサンフレッチェ広島の前身であるマツダに入団、94年Jリーグ・ファーストステージ優勝に貢献した。

天才的な選手だった。あんなにピタピタとボールをコントロールできる選手は当時ほとんどいなかった。金田喜稔、木村和司など、すでに何人かの例外的なプレーヤーは現れていたが、風間はそれに続く世代の代表格だった。

「ドイツへ行く前のことは、あまり覚えていないんです」

ドイツに行ってから「人間らしくなった」と本人が話していた。筑波大時代からマツダへ誘っ

ていた今西和男（マツダ監督、広島GM、日本サッカー協会強化委員など歴任）はドイツへ渡る前の風間について、

「情熱は伝わるけれども、何を言いたいのかよくわからなかった」

と、言っていたそうだ。おそらく言葉がついていかなかったのだ。天才型によくあるケースかもしれない。時間をかけて解きほぐしていくと独特の見方や解釈に唸らされるのだが、それを短い言葉でまとめられない。そもそも視点が独特なので言葉に問題がないとしても周囲には理解できないかもしれないのに、説明不足では何を言っているのかわからなくても無理はない。

天才選手のほとんどは天才監督にならない。天才どころか平均的な監督にすらなれないことも少なくない。これは同じサッカーでも選手と監督では求められる能力が違うからだ。逆に選手としては平凡でも名監督になった例は多く、中にはプロ選手経験すらないが素晴らしい手腕を発揮する監督もいる。名選手が名監督になることもあるが、それはたまたま両方の能力を持っていたからなのだ。

天才選手の感性を生かしてそのまま監督として成功する人も希にいる。代表格がヨハン・クライフとフランツ・ベッケンバウアーだ。

ほぼ同世代のクライフとベッケンバウアーは1970年代のチャンピオンカップやワールドカップで競い合ったスーパースターである。どちらもコーチングライセンスを持たないまま監督に就任し、どちらもいきなり成功を収めている。クライフはアヤックスを再生した後、バルセロナの監督として「ドリームチーム」を作り上げた。このときのバルセロナは後のペップ・グアルディオラ監督のバルサにつながる画期的なスタイルだった。ベッケンバウアーのほうは西ドイツ代表を率いて86年メキシコワールドカップで準優勝、90年イタリアワールドカップでは優勝に導いた。

クライフとベッケンバウアーは監督として言っていることがよくわからないタイプだった。クライフは考えていることが独創的すぎて周囲の理解がついていけず、ベッケンバウアーはときどき突飛な言動で周囲を困惑させていた。どちらも話し方は早口なのだが、話そうとしている内容に言葉がついていかず、必死に言葉が追いかけていくのだが、いかんせんまとまりがないので理解されない。クライフはクライフ語とも呼ばれる造語も混じっていて、余計に訳が分からなくなっていた。ベッケンバウアーのほうはドイツ語に詳しい日本の人が「野球の長嶋茂雄監督に似ているかもしれない」と言っていたので、だいたい想像がつくと思う。

クライフ監督は、バルセロナのGKにペナルティーエリアを出てDFのカバーをするよう指示していた。まだバックパスを手で処理することが許されていた時代に、GKが足でボールを扱うように指導していたわけだ。しかし、あまりにもゴールがガラ空きなので心配になったGKアンドニ・スビサレッタが「ロングシュートを決められたらどうするんですか?」と聞くと、クライフは「そのときは相手に拍手すればいい」と答えてスビサレッタを唖然とさせた。GKが前進するメリットがあり、それがチーム全体の戦い方に不可欠の影響がある。だから、たとえロングシュートを決められてもそれはいわゆるコストなのだと順々に説明すればよさそうなものだが、結論だけ答えているのがクライフらしい。

ベッケンバウアー監督は90年ワールドカップの準々決勝・チェコスロバキア戦に1―0で勝利した後、ロッカールームで氷の入ったバケツを蹴倒して激怒した。エースのクリンスマンには「オマエはペレか?」と毒づいたという。普段は冷静沈着な〝皇帝〟が激怒した原因は「走りすぎ」だった。

「この炎天下に走り回って、オマエら本気で優勝する気あんのか!」

疲労困憊でグッタリしている選手たちに何という仕打ちかと思う。それも走らなくて怒っているならまだしも、走りすぎで怒られたのでは堪ったものじゃない。ただ、ベッケンバウアー監督は優勝を見据えていて、それにはこの段階でこんなに消耗する試合ではダメだと感じたのだろう。優勝する気があるなら、ここでこんなに走ってはいけないという理屈なのだが、それにしても激怒するようなことなのだろうか。優勝が目標のチームならではの目線の高さではあるが、選手もメディアもファンもビックリの激怒ぶりだった。テレビで息子の表情を見た母親が「自分の息子ではない」と引いたぐらいである。大半の人々にとって、ベッケンバウアーがそこまで怒る気持ちは理解できなかったはずだ。ところが、この試合から西ドイツは効率的なマシーンのようなプレーをするようになり、当たり前のように優勝した。ベッケンバウアーは選手時代から希に理不尽なキレ方をするのだが、不思議とそれを機に物事は好転している。選手時代は1974年ワールドカップのグループリーグで東ドイツに敗れた直後、監督としてはチェコ戦、会長としても辛辣な批判をしたらバイエルン・ミュンヘンはCL王者になっている。そのたびに周囲を唖然とさせるのだが必ず結果に結びつく。

ペレは監督にならなかった。キャプテンすらやっていない。クライフとベッケンバウアーはどのチームでもキャプテンを務め、心理面と戦術面の両方で完全なる中心でありフィールド上の監督だった。同じ天才選手でもペレとは違っていて、将来監督になりそうなタイプではあった。ただ、2人とも周囲の斜め上をいく言動という点で天才型の監督といえる。見ているもの、感じていることが常人とは違うのだ。

天才選手が天才監督として、その天才性を発揮するために必要なのは、いかに凡人にもわかるようにアプローチするかである。彼らが率いる選手の大半は天才ではないからだ。違う言い方をすると、感覚をいかに言語化するか。

サッカーに限らず、元天才の監督に共通するのが擬音語の多さだ。「ガーッと走ってプワーン」とか「気持ち良くドーン」など、雰囲気はわかるが普通の選手を指導するには明らかに言葉が足りないことがよくある。感覚を感覚のまま伝えようとするから擬音語が多くなってしまうのだろう。せっかくプレーヤーとして余人の到達しえなかったものを持っているのに、それを的確に伝えられる言葉がない。もしかしたら擬音語だけでも同じ天才には伝わるかもしれないが、ほとんどの選手には無理だろう。

元天才選手の風間監督は言葉を持っている。それは「風間語」とも呼ばれる独特の言い回しなのだが、選手として体得した感性を言語化できている。その点が、多くの天才型監督との大きな違いだろう。そして全体像を描けている。これも元天才選手に欠けがちな点で、1つ1つの技術や戦術にフォーカスすると非常に役に立つアドバイスができるのだが、それらがバラバラで全体に収斂されていかないというケースがよくあるのだ。風間監督の場合は部分がちゃんと全体につながっている。

「止める」を定義する

風間監督にとってボールを止めるという技術の定義は、ほぼ完全にボールが静止していることである。ボールが動いていれば、それはボールを「止める」ではなく「運ぶ」になる。どっちでもいいじゃないかと思われるかもしれないが、ここが違えば全体が違ってくるので曖昧にしていない。

ボールが静止していれば、もうボールは見ないでいい。つまり顔が上がった状態になる。敵がタックルしてもかわせるし、すぐにパスを出すこともできる。なぜ「止める」の定義にこだわるかというと、それがタイミングを決めるからだ。

パスを受けたい選手がマークを外してフリーになる、しかしボールは来ない、受けたかった選手は味方に「早く出せ！」と怒る……こういうシーンをよく見かける。実はこれ、ほとんどのケースで受け手の動きが早すぎるのだ。問題はパスを出せなかった選手ではなく、怒っている選手であることが多い。受け手が出し手を理解していないことに原因がある。このタイミングでパスがほしい、そう思って動いているだけで、その瞬間に味方がパスを出せるかどうかを考えていない。あるいは、もうパスを出せるだろうとタイミングを計ったつもりでも、実は出し手はまだ蹴れない状態なのだ。ボールが少し体から離れていたり、逆に足下に入りすぎていたり、ボールの置き所が悪いとそうなる。しかし、傍目にはボールはコントロールできているように見えるから、受け手も味方が蹴れると思って動いてしまうわけだ。

風間監督の「止める」の定義どおり、ボールが静止していればこの手の問題は起きにくい。それが出し手と受け手の間に正しいタイミングの共有を生むからだ。だから「止める」と「運ぶ」を区別している。その違いは、もしかしたら数センチの差かもしれないが、止まっていなければ受け手はパスが来ないと判断できるわけだ。

ボールの止め方を定義することで、タイミングというサッカーにおける共通言語をチームが持てるようになる。これが極めて重要で、だから非常に細かいところにこだわるわけだ。共通言語を持ったチームはフィールド上の会話が成立するが、それがないチームは個々にそれぞれの言語を話している状態になってしまうからだ。

プレーヤーの配置という形を共通言語にしようとする監督もいる。いわゆるオートマティズムで、予めプレーのパターンを用意しておく方法だ。こういうときはこうと、形をはっきりさせることでチームに共通理解ができる、プレーの同時性も生まれる。短期的にはかなり有効なやり方といえる。

ところが、形を共通言語にしてしまうと非常に語彙に乏しい会話しかできないのが欠点になる。つまり、パターンから出られない。パターンを読まれたら終わりである。外国語の日常会話を丸暗記するようなもので、会話集に載っていない返答をされたら対処できないのと似ている。そして日常会話以上のコミュニケーションも成立しない。さらに形を共通言語にすると、そこに技術が介在しないのでタイミングという重要な要素が抜け落ちてしまう。会話文そのものは暗記して言えているのに、発音が悪くて通じないのと似ているかもしれない。

難解だがシンプルな風間語

名古屋グランパスの監督に就任して間もないころ、風間は「2回ぐらいしかボールが止まっていない」と、ある試合について話していた。「ボールが止まっていないのに、お前らよくサッカーできるな（笑）」と選手たちに言ったそうだ。ある意味、本気で感心していたようだ。風間監督にとってボールが「止まる」かどうかは、タイミングという共通言語を手に入れられるかどうかの分かれ目である。言葉が全然通じていないのに会話になっているから感心していたのだろう。ただ、それはもちろん改善されなければいけない状態である。

その後、名古屋は徐々に成長して何とかプレーオフを勝ち抜いてJ1に昇格を果たしている。J2では最多の85ゴールもマークした。次が徳島ヴォルティスの71ゴールなので、ぶっちぎりの得点力だ。一方、失点68は6番目の多さだった。得点も多いが失点も多い、これが名古屋の試合を不安定なものにしていた。では、風間監督が守備の改善に力を注いでいたかといえばそうではない。風間はDFでプレーした経験もあり、実は守備についても一家言あるのだが、守備の話はほとんどしないし応急処置的に守備を改善しようともしない。やろうと思えばできるのにやらない、周囲からは不思議に見えただろう。

段階をとばさない監督なのだ。ボールが止まっていないのなら、「止める」ところから始める。そこをうやむやにして小手先の戦術に走ることを嫌う。実は、風間監督からみればほとんどのチームはボールが止まっていない。ボールを止められないのに、フォーメーション、運動量、デュエル、守備組織と先へ行こうとしているが、高度な戦術の前にやらなければいけないことがある。それなしに何を積み上げても土台が出来ていないのでやがて崩れてしまうのは目にみえているのだ。だから段階をとばさないし、応急処置もほとんどしない。

風間監督の天才性は、物の見方にあると思う。

いわゆる風間語がわかりにくい理由の1つは、わざとわかりにくくしているからだ。「どういうこと?」と選手に考えさせることを狙って、わざと一般的に使っている用語を別の言い方にしているからである。しかし、わかりにくいのはそれだけが理由ではない。例えば、「ボールをコントロールする」「トラップする」ときに、ボールを静止させようとまで思う人は少ないはずだ。多少ボールが動いていようが、プレーに支障はないと考える。ところが、風間監督はそうではない。選手としての風間がそうではなかった。

風間が大学生のときに、日本代表やヤンマーで活躍した吉村大志郎が来たことがあったそうだ。「たぶん、俺に見せるためだったんじゃないかな」と風間は回想しているが、そうだとしたら日本サッカー協会が〝ネルソン〟を送り込んだ意味は十分にあったといえる。

「パスが凄く正確でした。何回蹴っても同じところへ行く。そのうちに同じ場所にボールを止めていることに気づきました。常に右足の親指の前にボールを置いていた」

吉村はキックも上手かったけれども、それ以前に止めるのが上手いことに気づいた。それからボールをピタリと止める重要性を認識したという。ボールを静止させるには、ボールの中心より上を触ればいい。そのボールの点に触る足のほうも、面ではなく点のほうが安定することも発見する。何となくボールが足の近くにあればいいというのではなく、ピタリと自分の置きたい場所に静止させること。それがどれだけ次のプレーの精度を保証するかを実感した。

サッカーの指導書を読めば、「次のプレーをしやすい場所へワンタッチでボールをコントロールしなさい」と書いてある。けれども「ボールを静止させろ」とは書いていない。また、「次にプレーしやすい場所」がどこかも書いていない。「ボールが来る前に周囲を見なさい」とは書いてあっても、「ボールが来る前」のいつなのか、どこまで周囲を見るのかまでは書いていない。パス&ムーブ、プル・アウェイ、視野の確保……言葉としては知っていても、その核心までつかんでいる選手はそう多くないかもしれない。指導者は「良い習慣をつけることが大事」と言うが、意味がわからないまま形だけ習慣化しているかもしれない。

発明王トーマス・エジソンは小学校のときに「1+1=2」であることを納得できなかったという。2つの粘土を合わせても1つにしかならないのに、どうして2になるのかと教師に聞いた。アルファベットの「A」をなぜ「P」と呼ばないのかも質問した。こんな調子だったので学校を3カ月で退学になっている。理解力がなかったのではなく、たぶん人の言うことを鵜呑みにできない性質だったのだろう。教えてもらって終わりではなく、さらに疑問が湧いてきてしまう。知ったつもりで終わらない。

大人にとってエジソンは、とんでもなく面倒くさい子供だったに違いない。風間監督の技術理論もそこまでこだわる必要があるのかと思えるかもしれない。しかし、風間監督にとって素通りはできないのだ。むしろ、止めること蹴ることの原理をしっかりと身につけることで確実に選手が上達すると体験的にわかっている。それが出来ずに何を積み上げても砂上の楼閣にすぎないことも。だから個の技術をスキップしない。風間監督からみれば、世間の戦術論など上滑りにしか思えないだろう。「ボールが止まっていないのに、よくサッカーできるな」ということになりそうである。

とりあえず体裁を取り繕うことをしない。ボールを止める、蹴る、運ぶという常にそこにある事象を疎かにせず、必ずそこから詰めていく。それなしでは、サッカーをするのにサッカーができないことになってしまうからだ。だから風間語は難解かもしれないが、これまで誰も知らなかったことではない。誰もが一度は聞いていて知識としてはあったものなのだ。ただ、誰もその本当の意味を知らず、知ったつもりで素通りしてしまっていた。それを掘り起こして光を当ててみたら、プロの選手が上手くなりチームも強くなった。大事なことほど忘れられてしまうものなのだろう。

人体の弱点をつく普遍的な崩し

風間監督のサッカーは「止める」に始まって「外す」に至る。

「川崎でも名古屋でも『外す』から始めました」（風間監督）

風間監督の言う「外す」は、ゴール近くでマークを外してパスを受けるプレーを指す。つまりシュートへ直結するプレーだ。最後の仕上げのところからトレーニングを始めていて、そこまで持っていくポゼッションより優先していたという。「外す」から始めたという風間監督のサッカーは、いわば逆算方式になっている。

シュートが決まるエリアは実は決まっていて、そのエリアでシュートを打つことが得点力を上げる決め手になる。ペナルティーエリアの中、そしてゴールラインの幅。このエリアはゴールデンエリアとも呼ばれていて、他の場所からのシュートに比べて格段に得点率が高いことは各種の統計でもはっきりしている。このエリアでシュートを打つためのアプローチを確立するのが得点への近道といえる。

ゴールデンエリアへの進入路は3つ。両サイドと中央だ。急がば回れではないが、サイド攻撃は有効な攻め手として知られている。クロスボールはDFにとって〝ボールウォッチャー〟になりやすく、つまりゴールデンエリアでフリーな選手を作りやすい。そしてシュートはダイレクトシュートになるのでGKにとっては防ぎにくい。

しかし、風間監督のチームは中央突破が主要ルートになっている。サイド攻撃もあるが、まず狙っているのは中央だ。なぜならペナルティーエリアの三辺で一番長いのが横方向へ引かれた中央のラインだからだ。横幅は40・32メートルある。一方、サイドの縦のラインはそれぞれ18・5メートル。ゴールデンエリアに人とボールを送り込むには、正面の進入路が最も広い。

ただ、そこを守る人数も多い。サイドの18・5メートルの門番はたいがい1人か2人だが、正面の40・32メートルは4~5人で固められている。単純に4分割しても1人が10・08メートルを守っているわけで、これだけなら正面の間口がサイドより広いとはいえない。

だが、もしそこを通過できるのなら、ペナルティーエリア内のゴールエリア幅に人とボールを送り込むには最短距離になる。正面のラインを通過してしまえば、ほぼゴールデンエリアに入れる。風間監督は、そのためのスペースも十分あると考えている。

この場合のスペースとは、何メートルという単純な長さや広さではなく、1個のボールと1人の選手を通過させる空間があるかないか。「外す」技術があれば、場合によって1、2メートルの幅でも通過できないことはないという。だから40・32メートルなら十分な間口の広さと捉えているのだ。

風間監督の言う「外す」は、人体の弱点をつくことで成立している。

例えば、右方向へ動いている選手は左方向へは動けない。バカバカしいぐらい当たり前の話だが、ＤＦが右方向へ動いた瞬間にＦＷが逆の左へ動き出していれば、そしてその瞬間にボールがＦＷに届いていれば、ＤＦはＦＷの突破を阻止できない。ＤＦが動き直して守備に入る前に、ＦＷはペナルティーエリア正面のラインを通過している。

マークを外したその瞬間にボールが届いてさえいれば、ＦＷとＤＦの間隔は1メートルでもペナルティーエリア正面のラインを通過できることになる。外した瞬間にパスを受け、40・32メートルのどこかを通過してしまえば、もうそこはゴールデンエリアだ。最もシュートの決まる確率の高い場所に人とボールを送り込んだことになる。

「外す」を成立させるためには、パスのタイミングが重要だ。受け手がＤＦの守れない場所に移動した瞬間、ボールが届いていること。早すぎても遅すぎても成立しない。

ボールの移動時間があるので、パスの出し手はむしろ受け手が外しきるより早く、つまり外しにかかっているタイミングでボールをリリースする必要も出てくる。

「攻撃では敵を見ろ」（風間監督）

味方の動きを見てからでは、パスのタイミングが遅れるからだ。DFが動いた瞬間こそがパスのタイミングで、DFを外した味方が移動する場所を予測してそこへ蹴る。DFは動いていれば守れない場所ができている。人体はそうなっているからだが、その守れない場所をパスの出し手と受け手が共有していることが第一。第二にタイミングを逃さないこと。場所とタイミングの一致に「外す」の成功はかかっているわけだ。

「崩すときに組織全体を見てしまうと、かえってわからなくなる」（風間監督）

4バックを攻略したいなら、4人すべてを見る必要はない。1人を外して攻略するか、2人の間をつけばいい。つまり個の勝負。組織で見てしまうと袋小路に入ってしまうが、個対個に還元すれば単純な答えが見えてくる。ただ、単純だから簡単というわけではない。パスの受け手と出し手のタイミングを合わせるのは、1秒かそれ以下の世界の話になり、そこを合わせるのは決して簡単ではない。風間監督はタイミングを合わせるツールとして「ボールを静止させること」を要求しているのは、最終的にここに関わってくるのだ。

ボールコントロール＝ボールの静止。そう定義することで、はじめてコンマ数秒の場所合わせのタイミングを共有できるからだ。

「キャッチボールができなければ野球になりませんよね。サッカーではなかなかキャッチボールができないのですが、それに近づけることはできる」(風間監督)

ボールを足でつかむことは不可能だから、サッカーではキャッチボールはできない。ただ、それに近づけることはできる。ワンタッチで最適の場所にボールを静止させれば、もうボールを見る必要がない。最短時間で次のプレーへ移行できる。ボールをつかんでいるのに近い状態になり、受け手にパスのタイミングがわかる。風間監督は「今が出来る」と表現している。

さて、「外す」ができれば正面突破も可能になり、もちろんサイドからの侵入やクロスボールにも同じ原理を適用できるわけだが、「外す」ができるなら相手が人類であるかぎり同じく使えるというところは最大のメリットかもしれない。

日本サッカーの弱点の1つとして、よく「決定力不足」があげられる。シュート技術については風間監督に別の持論があるわけだが、それはともかく、実は決定力よりも決定機不足なのかもしれない。チャンスの数というよりチャンスの質だ。

前記のゴールデンエリアでのシュート技術に関して、日本選手がとくに低いとは思わないのだ。世界トップクラスのクラブや代表チームのシュート練習を何度も見たことがあるが、実は意外なほど入らない。Jリーグや日本代表の練習との比較でいうと、そんなに大差はないのだ。もちろん特定の選手には抜群のシュート技術があり、そこの差はある。メッシやロナウドは日本にはいない。ただ、そこを除けばそんなに大差はないので、決定機の質を改善して数を増やせば、日本は決定力不足ではないかもしれないのだ。

ただし、それはフリーでシュートする場合の話。空中戦を競りながら、あるいは競走して体をぶつけながらのシュートということでは、依然として差はある。つまり身体能力が決め手になるゴール前のデュエルにおいて、世界のトップと比べれば日本は明らかに劣勢であるということ。ここは確かにレベルアップしなければならない。しかし、フリーであればそんなに差がないとすれば、「外す」ができれば決定機の質が上がるので決定力も上がると考えられる。「外す」はシュートの瞬間にフリーになれるアプローチであり身体能力の差は関係がないからだ。日本にメッシやロナウドが生まれれば、決定力不足は解決できるかもしれない。天才の登場を待つのではなくシュート技術を高める、デュエルにも強いストライカーを育成する、これも大事なことだと思う。しかし、それなしでも得点への道はある。「外す」は、その意味で現状の日本におあつらえ向きの、身体能力に左右されないでゴールを奪う方法といえる。また、人体が同じであるかぎり通用する普遍的な攻め方でもある。

天才型監督・風間八宏のサッカーは、興味深いことに天才選手を必要としていない。いや、いればいいたほうがいいのだが、天才ではない選手たちを上手くすることでチーム力を上げていくスタイルなのだ。

形ではなく個の技術にフォーカスし、個のレベルを上げることで組織的なプレーのレベルも上げていく。個の技術レベルを上げることでチームの共通言語を作り、それによって組織を機能させていく。外国語の定型会話文を丸暗記するのではなく、文法を習得して自由な会話ができるようにする方式といったらいいだろうか。選手の力量によっていわば語彙の数は違うわけだが、言語自体は共通なので会話は成立する。従って形はない。それを作るのは、そのときどきの選手たちであって、最終的にどうなるかは風間監督にも「わからない」そうだ。ただ、技術は劣化しない。技術という共通言語を得たチームが、そこからどんな会話を生み出していくかはわからないが、どこまでも積み上げていくことはできそうである。

長期化する創業者

ミハイロ・ペトロヴィッチと西野朗の場合

長期政権の条件

プロのサッカー監督の任期はおよそ1、2年だ。3年やれば長いほうで、5年以上はかなりの長期政権である。

昔は同じチームで10年以上やる人も珍しくなかったのだが、監督の任期が短くなったのはサッカーが大きなビジネスになったからだ。失敗が許されなくなり、責任をとらされる一番手は監督と決まっている。

「監督には二通りしかない。クビになった監督と、これからクビになる監督だ」

これはリーズの黄金期を築いたハワード・ウィルキンソン監督の名言。しかし、なかなかクビにならない監督もいる。

アレックス・ファーガソン監督はマンチェスター・ユナイテッドを27年間も率いた。就任時は45歳だから青年監督とはいわないが、それなりに若々しかった。引退時は72歳、相変わらず元気だったとはいえ年齢的には立派なお爺ちゃんである。サー・アレックスがこれだけの長期政権を担ったのは、とにかく勝てていたからだ。プレミアリーグ13回優勝は圧倒的である。ただ、最初はなかなかタイトルを獲れずにクビになりかけたこともあったのだ。強豪クラブや人気チームを率いる監督は、基本的に勝ち続けるしか延命の方法はない。3連敗もすれば、どんな名監督でも首のあたりが涼しくなるものだ。

Jリーグの最長在任記録は西野朗監督の10年。ガンバ大阪はその間にリーグ優勝1回、リーグカップ優勝1回、天皇杯優勝2回、ACL優勝1回という黄金時代を築いた。西野はG大阪の前の柏レイソルでも4シーズン監督をしている（リーグカップ優勝1回）。G大阪ではリーグ優勝1回にとどまっているが、10年間で優勝争いに絡めなかったのは2回だけ。ほとんどトップ3に食い込んでいた。ファーガソンと比べるのは無理があるとはいえ、立派な長期政権だ。

リーグ優勝が1回だけなのは意外な感もあるが、G大阪は西野監督就任以前には強豪ではなかった。クラブの地位を飛躍的に高めたことが大きく、その意味ではファーガソンよりもむしろアーセン・ベンゲル寄りかもしれない。ベンゲルはタイトルも獲っているが、アーセナルを復活させてブランド・イメージを確定させたことが長期化の要因だからだ。

小林伸二監督は大分トリニータ、セレッソ大阪、モンテディオ山形、徳島ヴォルティス、清水エスパルスと率いてきて優勝は1回しかない（2002年J2優勝・大分）が、だいたい2シーズン以上は続いている。大分、山形、徳島、清水をJ2からJ1に昇格させた昇格請負人だ。就任時にJ1だったC大阪も、ファーストステージで最下位だったのを途中で就任して15位に押し上げ残留を果たしている。山形と徳島はそれぞれ4年間率いていた。大きなタイトルはないけれども、やはり結果を出すことで長期政権になっている。

トニーニョ・セレーゾ監督は鹿島アントラーズを計9シーズンも率いた。最初は2000年から2005年、就任初年度にいきなり三冠を達成している（リーグ、天皇杯、リーグカップ）。ただ一番良かったのがこの最初の年で、あとは下り坂だった。もうこれ以上はないぐらいの成績を最初に出してしまったのだから下り坂になるのは仕方がないが、最後の2年間は無冠である。第二次政権の3年間ではリーグ優勝がない。トニーニョ・セレーゾが長期化したのはタイトルの獲得というより、メンバーが入れ替わり補強戦略も予算縮小で変化する中で、安定的にチームをハンドリングしてくれる能力を期待されていたようだ。単純に結果が出ていたから長期化したというより、もともと長期で任せるつもりの指導者だったのかもしれない。

戦績ではオズワルド・オリヴェイラ監督が図抜けている。2007年に鹿島の監督に就任すると3年連続のリーグ制覇を成し遂げた。3連覇はJリーグ初の快挙である。5シーズンの在任中に獲得したタイトルは計8つ。鹿島は監督の交代が少ないクラブで長期政権化する傾向があるのだが、成績がいいから長期化するときと、チームを育てるための長期化と2種類あるようだ。

圧倒的な好成績で長期化するパターンとしては、鹿島のオリヴェイラ監督のほかに柏レイソルでのネルシーニョ監督があげられる。2009年7月にJ1最下位にあえいでいた段階で監督に就任、その年は降格してしまうのだが、2010年にJ2優勝で昇格、2011年はJ1優勝を成し遂げてしまう。その後、3シーズンの指揮を執り5年半の長期政権となった。

サンフレッチェ広島と浦和レッズで6年ずつ務めたミハイロ・ペトロヴィッチ監督は、チームの成長を実感できるので監督交代とならずに長期化したパターンだ。独特の攻撃的スタイルは魅力的で、広島と浦和をそれぞれ進化させた。一方で、広島でのJ2優勝以外にリーグタイトルがない。毎年のように優勝寸前までいった浦和でも2016年のリーグカップの1冠に終わっている。川崎フロンターレを5年間率いた風間八宏監督にもタイトルがない。というより、川崎自体にJ2優勝以外のタイトルがなかった。とはいえ、ミシャと風間が低迷していたチームに明確な指針を与えて強豪クラブに引き上げたのは間違いなく、その手腕を買われての長期化だった。

広島で1997～2000年までの4シーズンを率いたエディ・トムソン監督については、クラブの財政との関係で長期化したケースだ。その手腕も確かでなければ4年は続かないとはいえ、この時期の広島は経営が苦しくなりはじめていたことが影響している。主力を放出して若手を育てる育成型クラブへの道を模索していて、成績次第で監督を取り替えている状況ではなかったわけだ。1990年代ぐらいまでは、ヨーロッパでも地方のクラブでは長期政権の監督は珍しくなかった。財政規模が小さく、タイトル獲得という野望もないので、成績は現状維持で若い選手をしっかり育ててくれる指導者が定着していた。Jリーグは1993年に横並びの状態でスタートした特殊なプロリーグだったため、成績が悪ければ監督更迭は当たり前という風潮になっていたわけだが、育成型のクラブ経営ならば頻繁に監督のクビをすげ替える意味がないのだ。

ベガルタ仙台を6シーズン率いた手倉森誠監督も長い。最初の2年間はJ2で、3位と優勝。J1の4シーズンの成績は14位、4位、2位、13位。2011年の4位と翌年の2位が目を引く。

2011年といえば東日本大震災があった年なのだ。震災中断後の12戦は6勝6分という快進撃だった。翌年は何と2位である。苦しい時期だからこそ、地元からの応援も大きかったのかもしれない。手倉森監督の明るいキャラクターもあってクラブの顔といえる存在だった。五輪代表監督に就任しなければ、さらに数年間は仙台を率いていたかもしれない。

パイオニアの強み

チームのスタイルを作り上げた監督は任期が長期化する。逆に優勝請負人みたいな監督は意外と任期が短い。

1960年代にベンフィカを2年連続でヨーロッパチャンピオンにしたベラ・グットマンという名監督がいた。10カ国以上を渡り歩き、多くのチームを指揮したことで知られている。グットマンはいろいろな名言を残しているが、そのうちの1つがこれだ。

「3年目はたいてい酷いことになる」

グットマン監督が3年連続でチームを率いたことはほとんどなかった。彼と非常に似たタイプがジョゼ・モウリーニョである。

短期間で結果を叩き出せる監督は現代サッカー向きなので需要が大きい。3年目や4年目で失敗しても次の仕事が必ずある。短期勝負型の監督はカリスマ性があって、チームを一枚岩に仕立て上げるのが上手い。半面、チームをまとめるのが早いぶん劣化も早く、いったん落ちてしまうとメンバーの大幅入れ替え以外に次のピークを作れない。チーム側はそこまで金をかけられないので、成績が落ちたところで解任というのが典型的な流れだろうか。

現代でこのタイプの代表であるモウリーニョ監督についていえば、彼のチーム作りと戦術は一部で批判されているほど守備的ではない。基本的に優勝を狙えるチームに就任しているので、ボールを支配して攻撃する試合のほうがずっと多いのだ。ただ、ライバルや格上の相手との対戦では、堅守速攻に徹して勝つので守備的、あるいは勝利至上主義者と非難もされる。たぶん勝利至上主義は当たっているが、シーズンを通してみれば守備的ではない。実際には非常にオーソドックスなチーム作りが特徴の監督だ。GKには必ずワールドクラスの選手がいて、センターバックもしっかり守れる最高の選手を置く。MFには広い範囲をカバーできる守備力の高い選手を1人、創造性と技術のある選手を1人、CFには1人で得点できるような強力なタイプを使う。この縦軸の構成はFCポルトからマンチェスター・ユナイテッドまで一貫している。書いていてばかばかしくなるぐらいオーソドックスなのだ。

守備に気を遣っているのは確かだが、相手に引かれる試合も多いのでクリエイティブな選手も必ず使う。どうしても点がとれないときの放り込み要員もだいたい確保している。ポゼッションでもカウンターでも勝負できるような編成と戦術にしているところがモウリーニョらしさなのだ。戦い方を何かに特化していないので圧倒的な勝ち抜き方はしないのだが、どんな相手にも戦える。縦軸の選手たちは自分の本領を発揮すればいいだけなので、周辺を上手く接合できればすぐにチームはまとまって機能する。完成が早いので短期勝負に向いている。2年のうちには大きなタイトルを獲る。

ところが、早く完成するぶん発展性がない。出来上がっているから伸びしろがないのだ。軸になっている選手の個人能力に依拠しているから彼らがピークをすぎたらチームの回復はまず見込めない。となると、軸になる選手を交換しなければならない。アレックス・ファーガソンは何度かの世代交代を成功させたので長期化したが、あそこまでやるにはクラブ内の人事権を握っていなければ無理なのだ。モウリーニョ監督は、ほぼグットマンの言葉どおりになっている。行く先々でタイトルは獲るが長続きはしない。

一方、チームにオリジナリティとアイデンティティをもたらした監督の任期は長期化する。優勝請負人ではなくチームと一体化する監督だ。どこかで見たようなチームで優勝するのではなく、そこにしかないようなプレースタイルを確立する。

Jリーグでのパイオニア型といえば、ミハイロ・ペトロヴィッチ監督が思い浮かぶ。広島で6年、浦和で6年。ミシャ式と呼ばれる独特の戦術を用いていた。

ミシャ式は攻撃と守備でフォーメーションが変化する。それも大きく変わる。日本で10年以上続けていたので今さら説明の必要はないと思うが、いちおう簡単に。基本フォーメーションは3―4―2―1だが、このとおりになっている時間はほとんどない。攻守でフォーメーションが変化する。守備から攻撃への移行では3バックが散開して間にボランチが下りる。ウイングバックはウイングとなり、前線は5人が並ぶような形。中盤はわざと空洞化させて1人の選手（ボランチ）が後ろと前をつなぐリンクマンとして振る舞う。

ミシャは徹頭徹尾攻撃の攻めダルマだ。ほとんど守備の練習をしないというのも有名な話。ゲーム形式は毎回なので、守備を練習していないことにはならないが守備だけのトレーニングは全くといっていいほどやらない。ゲーム形式の練習には制限がついていて、ダイレクトパスのみ、リターンなし（パスを出した選手には戻さない）、ダイレクトでリターンパスなしなど、選手の能力を上げていく工夫がされていた。

これだけ攻撃に振り切った監督は珍しい。かなり極端なサッカーであるにもかかわらず、ミシャ監督の下で多くの選手たちが才能を開花させている。広島では佐藤寿人がJリーグを代表するストライカーとなり、ミシャ式の要だった森崎和幸、足下の技術が抜群のGK西川周作、リンクマンとして飛躍した青山敏弘、監督とともに浦和へ移籍することになる柏木陽介、槙野智章、森脇良太、ほかにも高萩洋次郎、駒野友一、李忠成など、数々の選手たちが成長し活躍した。

創業者には頑固一徹なところがある。また、それぐらい信念がないとパイオニアにはなれないのだろう。ミシャ監督の場合、徹底攻撃の信念に可変式システムというオリジナルのアイデアが加わったことが大きい。企業なら特許申請すべきだが、サッカーの戦術には特許がない。誰が真似をしてもいいので、広島でミシャの後任となった森保一監督はそっくりそのまま使ってJ1連覇を成し遂げた。だが、それ以外にミシャ式を採用したチームはない。広島と浦和の強さを見れば、真似したくなるチームがあってよさそうなものだが不思議なぐらいない。まず、そのメカニズムがよくわからなかったからだろう。そして、そのカラクリを理解してもおいそれと手を出せるものでもなかった。

ＧＫはビルドアップに加わるので、相当足下に自信がないと難しい。実際、西川が加入する前の浦和ではＧＫのミスが何度もあった。ＧＫの能力というより向き不向きがある。安定したのは西川が移籍してきてからだった。例のポジションを動かすビルドアップでボールを支配する戦術は、そのメカニズム自体それほど複雑ではないが、それ用の選手たちが必要になる。左右のＤＦは大きく開いてサイドバックになるので、サイドバックとしての攻撃能力も問われる。もちろん、５バック化して守るときは中央なのでセンターバックとしての守備力が要求される。スピード、テクニック、高さ、読みなど、ある意味すべての能力が必要になってしまうわけだ。

ボランチの位置から下りてくるＭＦにもＤＦとしてカウンターに対処する力が必要になる。もう１人の中央でパスワークの軸になるリンクマンもかなりの技術と戦術眼がなければ務まらない。ウイングバックの上下動の距離は大きすぎるし、２シャドーは攻撃の決め手となる一方で守備時のポジショニングがけっこう難しい。要は、ほとんどのポジションで要求されるものが従来とは違うので、それに適応しなければならない。マルチな能力が要求される。他チームがマネするとしても、大幅に選手を入れ替えるか、そうでなければ時間がかかりすぎてしまうだろう。

広島から選手を引き抜き、戦術が機能しはじめると、浦和は毎年優勝候補筆頭にあげられる強豪に返り咲いた。ただ、そこに到達するのに少々時間がかかりすぎたかもしれない。最初は対戦相手が理解できなかったミシャ式も、すでに広島だけでも5年ぐらいやっていた。浦和のころにはすっかり分析されてしまっている。カラクリがわかってしまえば威力は半減とはいわないまでも、当初の力は失われる。

しかしそれ以上に痛かったのは、特殊なやり方ゆえにメンバーの入れ替えが難しくなってしまったことだろう。チーム内の競争力が鈍化してしまうので進化のスピードが上がらなかった。そのぶん連係は洗練し、完成度は上がっているので浦和の強さは変わらなかったのだが、やがて戦術的な弱点をどのチームもついてくるようになるに至って、ミシャ監督の頑固さがアダになってしまった感はある。

ミシャ式の戦術的な弱点は、攻撃時に陣形が横へ広がっていることだ。対戦相手が5バックないし6バックで横へ広がって守るようになると攻め込むスペースが限定されてしまう。そして、全体が横へ広がっているのでカウンターに非常に脆かった。攻撃時に意図的に中盤を空洞化させているので、カウンターをまともに食らったときは当然中盤がガラ空き。リンクマン1人でそのスペースを守らなければならない。しかも、それが柏木陽介なのだ。柏木は素晴らしいプレーメーカーだが、広大なスペースを1人でカバーするには全く不向きである。戦国時代の有名な桶狭間の戦いにおいて、今川義元の大軍が織田信長軍に敗れたのは細長い地域で間延びしているときに奇襲を受けたためだといわれている。守備の鉄則は人員の結集だ。ミシャ式は間延びした今川軍になってしまうわけだ。

それもこれも攻撃優先で戦い方を組み立てているからである。ミシャ監督も守備のリスクは当然承知のうえでのことだろう。そもそも守備の練習に力を入れていないのだから、とられる以上に点をとればいいという方針なのだ。

少し似ているのがペップ・グアルディオラ監督である。ポジション移動と高率のボール支配による徹底攻撃が共通項だ。ただ、ペップはサイドバックを中央へ移動させてカウンターされたときに中央を通過させないような手立てをしている。それでも空いているサイドを通過されるリスクはあるわけだが、真ん中を破られるよりは危険が少ない。ミシャ方式でも何らかのリスク・マネージメントをすれば続いていた可能性は高いと思う。ただ、その進化の前に負けが続いてミハイロ・ペトロヴィッチ監督は浦和を解任されることになってしまった。もし、浦和からミシャ式をスタートさせていればリーグタイトルは獲れていたかもしれないし、ミシャ体制は10年続いていただろう。実際、２０１６年は年間勝ち点で1位だったのだから浦和は実質的にリーグチャンピオンだった。チャンピオンシップでは鹿島が勝利して年間王者となったが、筆者は浦和がチャンピオン、鹿島はウィナーと認識している。Jリーグのレギュレーションで仕方ないのだが、チャンピオンは年間勝ち点最多のチームに与えられるべき称号だろう。

超攻撃の慎重さ

西野朗はヨハン・クライフの大ファンだ。浦和西高校のときの背番号が14番だったのもそのためだろう。ただ、プレーヤーとしてのクライフよりも監督としてのクライフに魅了されていたようだ。

五輪代表監督としてアトランタ五輪でブラジルを破る大金星をあげながら、グループリーグを突破できずに退任。その後は柏レイソルを4シーズン率いている。柏の前身は西野が現役時代にプレーした日立製作所だ。柏のプレースタイルはクライフ監督の率いていたバルセロナとは何の共通点もない。唯一、バルサでプレーしたフリスト・ストイチコフがいたぐらいだろうか。そのストイチコフが、

「俺にこんなに守れと言った監督ははじめてだ」

と言っていたぐらいで、柏時代の西野監督に攻撃サッカーのイメージはない。リベロの洪明甫を中心とした3―5―2のカウンター型だった。バルサ型のパスワークというより、完全にハードワークのサッカーである。ただ、それが本意ではないのは、たまに言葉の端々から感じられることがあった。

チームのプレースタイルは監督とセットで語られることが多い。しかし、実際にプレーしているのは選手たちである。監督がこうしたいと思ったところで、手持ちの選手が構想に合っていなければ実現は無理なのだ。とくにクラブチームの場合、監督の意向に合わせて選手を大幅

に取り替えるのは現実的にかなり難しい。そのクラブの中心として長年プレーしてきた中心選手に合ったスタイルを構築しなければならないのがほとんどのケースである。

西野監督が本来の指向と合致した選手に恵まれたのがガンバ大阪だった。2つめのクラブで理想的な戦力に巡り会えたのだから運がいいほうだと思う。G大阪には遠藤保仁、二川孝広、橋本英郎、山口智、宮本恒靖と軸になる日本人選手がいた。いずれも技術が高くパスワークに向いた人材だ。彼ら軸になる日本人選手に強力なブラジル人FWを組み合わせた編成でJリーグの強豪にのし上がっている。

ちなみにG大阪の補強戦略はJリーグですでに活躍しているブラジル人FWの獲得だった。同時にG大阪で活躍したブラジル人は中東のクラブへ売っている。移籍金が入るのでクラブとしては懐が痛まない。エージェントもいきなりG大阪ではなく、下位クラブを経由させることで日本に慣れさせ、実力を認めてもらったところでG大阪へ移籍させれば高い移籍金をとれる。まずJへ売り、G大阪へ転売し、さらに中東へ売れれば3回の儲けが発生する。選手、クラブ、エージェントのいずれもハッピーというビジネスモデルだ。ただ、西野監督によると外国人選手の放出は「意図したものではない」そうだ。少なくとも毎年のようにエースを中東に引き抜かれるのは監督としては迷惑なだけだったようだ。

G大阪での4年目（2005年）、このシーズンに清水エスパルスから獲得したアラウージョが33ゴールと猛威を振るい、1シーズンへ切り替わった最初の年に初優勝を成し遂げた。2008年にはACLを無敗（アウェイ全勝）で優勝して天皇杯も獲った。Jリーグのクラブは毎年スローガンを掲げるならわしになっているが、2007年のスローガンは「超攻撃」である。他の年はもう少しひねりがあって、例えば2006年は「もっと熱く、青く、強く!!!～さらに新たな挑戦へ～」と、かなり長いし頑張っている感はとりあえず出ている。それなのに翌年は「超攻撃」、面倒くさいしもうこれでいいかという開き直った感じもしないではないが、臆面もなく「超攻撃」と打ち出せるのはこのころのG大阪らしい。

西野監督率いるG大阪の戦法は攻撃に次ぐ攻撃。先制したら2点目、さらに3点目と狙う。とにかく圧倒的な攻撃力で相手をねじ伏せにかかる。このころのチームについて遠藤保仁は、

「まあ、1点ぐらいやってもいいかと思っていた」

いつでも取り返せる自信に溢れていたのだ。ミハイロ・ペトロヴィッチ監督の浦和ではないが、G大阪もあまり守備については考えていない。ただ、意外と西野監督だけは守備について

気にしていた。守備的にシフトしようとは思っていないが、バランスをとろうとはしていた。その1つが2006年に獲得した明神智和だ。

「彼がキーだった」（西野監督）

イケイケの攻撃型のチームはどうしたって攻守がアンバランスになる。そこでぎりぎりのバランスをとるキーマンが明神だった。広範囲に動いて守備の穴埋めができる明神がいるから、他の選手は攻撃力を発揮できる。それでもアンバランスには違いないが、看板の攻撃力を際立たせるためには守備型のMFが必要という目配りが、意外と西野監督らしいところかもしれない。

西野監督は「わざと釣り出す」作戦も考えていた。あえて前からプレスにいかず、相手にある程度ボールを持たせてボールを運ばせるのだ。G大阪がボールをキープして攻めっぱなしになると、相手は必然的に引きっぱなしになる。そうすると攻め込むスペースがなくなり、時間の経過とともに相手も守り慣れしてくる場合もある。そこで、わざと相手に攻めさせて釣り出し、G大阪の攻撃のためのスペースを作りだそうというわけだ。攻撃の創造性は選手がやってくれるので、監督としては少し違う角度から見ていたのだろう。

興味深いのは、G大阪で自分が理想として描いていた攻撃的なスタイルを実現し、そのために長期政権となったというのに、西野監督がスタイル構築の主役になっていないところである。同じ長期政権化したパイオニアでも、ミシャ監督は明確に彼の色が出ている。G大阪の場合、西野監督というよりも遠藤や二川のサッカーというイメージなのだ。フォーメーションも特異な形ではない。「超攻撃」の旗は立てているけれども、自分が先頭に立つというよりも選手たちを後押ししている感じだった。おあつらえ向きの選手が揃ったので、憧れのクライフ監督のバルセロナのような攻撃サッカーがやれたのはいいが、思いのほか選手たちが優秀であまりやることがなかったのかもしれない。

西野監督には非常に頑固なところがあって規律にも厳しい。「超攻撃」の看板を掲げた以上は一歩も引かない強さもあった。半面、監督としては主導するよりも補完する役割を果たしていたように思う。現役時代に同世代で図抜けた才能を持っていたわりに、俺が俺がというタイプではなかった。それが物足りないという人もいた。ただ、その剛柔併せ持つところが個性であり、監督としてそれが生かされてJリーグ最長任期ということになったのではないかという気がする。

継承力

森保一と長谷川健太と堀孝史と鬼木達の場合

偉大な前任者の後任

長期政権、もはやクラブの顔、そのチームのスタイルを築き上げた監督にもいつか終わりの時は来る。だがサッカーは続くし、すぐに次のシーズンはやって来る。

森保一がサンフレッチェ広島の監督に就任したのは２０１２年、ミハイロ・ペトロヴィッチの後任だった。ミシャは浦和レッズの監督に就任、画期的な戦術で広島のプレースタイルを確立した手腕を買われてのヘッドハンティングだった。

森保監督は前任者のスタイルを継承している。

あまりにも独特なスタイルは継承しにくい。森保の場合は広島でのコーチ経験があったのでミシャ式を熟知していた。それがなければ到底継承はできなかっただろう。ただ、独自のスタイルは監督のパーソナリティーと無縁ではなく、違う人が同じことをやろうとしても同じ効果を出すのは難しいものだ。性格、感覚、話し方、声……何かが違えば同じではなくなってしまう。

監督にはそれぞれの考え方や個性があるので、多くの場合で前任者のやり方は継承されない。

餅は餅屋であって、前任者の得意が中華料理だったとしても後任が蕎麦屋であれば蕎麦を作るものなのだ。

ところが森保監督は前任者のサッカーをほとんど何も変えなかった。そして監督1年目でJ1優勝を成し遂げる。さらに2年目も連覇。コーチ経験はあったとはいえ、コーチと監督は似て非なる職業だ。選手と監督ほどは違わないが、ナンバーワンとナンバーツーでは自ずと役割も求められる資質も異なる。監督1年目で偉大な前任者も成し遂げられなかった結果を出し、翌年も連覇、さらに自分のスタイルではなく前任者のスタイルをそっくり継承しながら……もうこれは離れ業といっていいかもしれない。1年おいて4年目もチャンピオンシップを制して優勝している。実に4年間で3回の優勝、広島の黄金時代である。

森保監督は前任者のサッカーをほとんど変えなかったと書いたが、少しだけ変えたところはある。ミシャ監督がまったく目を向けなかった守備を整備した。

「基本的な守備のポジショニングを確認した」（森保監督）

攻撃から守備に切り替わったときにどこから守るか、どこにポジションをとるか、それを確認したという。そんなこともやっていなかったのかと思ったが、どうやらやっていなかったらしい。ミシャが守備を教えないという噂は本当にそうなのだと、そのときに理解した。守備を整理したら、広島は安定感のあるチームに変身。持ち前の攻撃力だけでなく守勢に回っても強いチームになって優勝した。

浦和の監督になっていたミシャに、守備を整備して優勝した森保監督について聞くと、「ポイチ（森保監督のニックネーム）は私のスタイルを引き継いだ。ただ、守備的になってしまったね。私ならああいうふうにはしない」

後任に優勝をさらわれた悔しさもあったかもしれないが、むしろミシャは少し残念そうだった。自分が残した広島のサッカーは変質していくだろうと思っていたのかもしれない。

現実を恐れない

オリジナリティが強烈な前任者のスタイルを引き継ぐとき、成功のポイントは2つあるように思う。まず、前任者を近くで見ていること。その手法と理屈を把握していることだ。もう1つは少しだけ変えること。少しだけ「緩める」。

創業者はだいたい頑固である。頑固だからパイオニアになれたともいえる。ただ、理想に向かって突っ走る傾向があり、少々無理をしすぎている部分がどこかにあるものだ。ミシャ監督の場合なら、どうして守備を整備しないのか誰がみても不思議だった。選手も疑問に思っていただろう。実際、これで大丈夫なのかという思いは抱いていたようだ。ただ、監督に「守備の練習をしましょう」と言えるような雰囲気ではなかった。「つまらないことを考えるな」とでも言われそうだった。内心不安を覚えながらも、監督の方針には逆らえない。そのうちにそれで結果もついてくると、監督を信じればいいと自分を納得させるようになるわけだ。悪くいえば思考停止だが、チームスポーツで一体感はなにものにも代え難い。それで結果が出ているうちは、誰がネコの首に鈴をつけるかの議論はいったん棚上げされる。

森保監督は、あっさりと鈴をつけた。前任者をそばで見ていて、それが必要だと思ったからだろう。実は選手もひと安心だった。守備のやり方が定まったおかげで、迷いがなくなり頭の中が整理された。

ミシャ監督も守備的な戦い方を選択した試合がいくつかある。相手にボールを支配される、あるいは広島が確実にボールを握れるとは限らない相手に対して、5―4―1で引いて守備を固めカウンターを狙うことがあった。ミシャはこういう試合を「仕事」と称していた。本当はあまりやりたくないが、勝ち点を獲るために仕方なくやるので「仕事」である。森保監督はミシャから通常のスタイルだけでなく「仕事」も引き継いだ。

ミシャ式の広島のフォーメーションは3―4―2―1だが、このままでプレーすることはほとんどない。攻撃時には3バックが4バック化し、ウイングバックは前線へ上がって5トップに近くなる。中央は1トップと2シャドーのコンビネーションで攻め、相手が中央を固めてきたらサイドへ大きく展開してウイングバックが1対1で仕掛ける。パスワークやコンビネーションが洗練されているのが強みだが、そもそも前線に人数を投入していて、しかも全員がDFの中間ポジションにいるので捕まえにくい。必ずどこかに攻撃の糸口を見つけることができるのがミシャ式最大のメリットである。

ところが、創業者ミシャは守備の約束事を作らなかった。攻撃時に大きくポジションを動かしている以上、守備時も大きく動かさなければ元には戻れない。攻撃から守備へのタイムラグをどう解消するかは常に課題だった。

難しいのは2シャドーの守り方である。攻撃時の中盤は青山敏弘しかいない。このガラ空きの中盤を埋めるために、シャドーはまず中央へ引くことになる。これでとりあえず中央のスペースは埋められるが、前線まで出てしまっているウイングバックが長駆してサイドバックのポジションまで戻ることになるので、今度はその手前が空いてしまう。次はそこを埋めなくてはいけない。つまり、シャドーは守備に切り替わったときにまずインサイドハーフとして守り、次にサイドハーフとしてウイングバックと連係できるポジションへ移動することになる。相当しんどいタスクであり、これをやるだけでも大変だが、サイドハーフにたどり着くまでにそれなりの時間はどうしてもかかってしまうのだ。

攻撃時の広島は4—3—3に近い形になっているので、そのまま前線でプレスをかけるという手もある。それでボールを奪えれば、シャドーもウイングバックも途方もない距離を戻ってこなくてすむ。ただ、これもハイプレスを外されてしまえば結局は同じことになるわけだ。そもそもずっと4—3—3のままなら、可変式という画期的なシステムのメリットがない。

ミシャ監督のときには、チームとしてどのように守るか、どういう場合にどう守るかがはっきりしていなかった。そのため、個々の判断が揃わずに大穴が空いてしまうことがよく起きていた。守り方が明確だったのは「仕事」のときだけだったといっていいかもしれない。

ミシャ監督が「仕事」をするときは守備優先である。前記のとおりシャドーは中央へ絞ってからサイドへ、ウイングバックは長い距離を戻ってサイドバックのポジションへ、その間にセンターバック化していたボランチは本来の中盤へ戻り、サイドバック化していたDFは中央へ絞って3センターバックを形成する。つまり、守備のときは5—4—1となる。当然、そこに至るまでには相応の時間が必要になるから、守備はボールを奪いに行くのではなく相手の攻撃を遅らせる、時間を稼ぐことが第一。5—4—1を形成するまではボールの奪いどころがなく、とにかくカウンターをさせないようにしながら後退した。5—4—1の守備ブロックをセットしてしまえば分厚い。簡単には失点しない。前で奪うには向いていないが、後ろを固めることはできる。

森保監督が整備した守備のやり方は、基本的にミシャの「仕事」方式だった。4—3—3でハイプレスをかけることもあったが、それぞれの選手がどういう経路で引くか、そして5—4—1の形成を明確にした。前任者が特定の試合で嫌々やっていた守備戦術を常態化させたのだ。ミシャが「仕事」を常態化させず、後任者のやり方に批判的な眼差しを向けていたのは、5—4—1の人海守備がもともと本意ではないからだろう。趣旨が違うのだ。ミシャ式は攻撃のためのシステムであり5―4―1で守り倒すためではない。トランスフォーマー型の可変戦術なので、5―4―1をセットするまでにはどうしても時間がかかる。セットしたときはだいたい自陣深くになっている。5―4―1が出来上がってしまえば人数が多いから守備は安定するが、そこから攻撃するのが難しくなってしまうのだ。引ききっているうえに前線には1人しかおらず、佐藤寿人はロングボールを収めて味方の押し上げを待てるタイプのFWではない。5―4―1を容認してしまったら、攻撃のためのシステムが守備のためにシステムになってしまう。それではこの特異なシステムの意味がない。少なくともミシャの狙いとはかけ離れてしまう。

ミシャにとって最悪なのは5―4―1に安住してしまうことだったろう。守備に安定感があるからだ。おそらくそれは麻薬のようなもので、一度手を染めてしまえば後戻りできなくなる、それを危惧していたのではないか。

森保監督は現実主義者だ。5―4―1を恐れなかった。どのみち守備はそうするしかないのだから、曖昧にしないではっきりさせたほうがいい。攻撃の威力を残しながら、引くときには引く。広島はリードしたら5―4―1で引いてカウンターを狙うチームになった。徹頭徹尾攻めまくるミシャ方式ではなく、攻撃と守備をはっきりと使い分けるチームとして黄金時代を築くことになる。前任者の流儀を継承しながらも、少しだけ「緩めた」。プレーの強度を緩めたのではなく、理想への前傾姿勢を少しだけ緩めた。選手たちは少し楽になり余力が生まれた。森保監督は理想のためにチームが疲弊してしまうのを巧みに回避したといえる。

種を蒔く人　収穫する人

リヌス・ミケルスはトータルフットボールの創始者として知られている。1965年から6シーズン、アヤックスを率いてリーグ優勝4回、チャンピオンズカップ初優勝も成し遂げた。ただ、アヤックスが無敵化したのは後任のシュテファン・コバチ監督の2シーズンである。リーグを連覇し、チャンピオンズカップも連覇、カップ戦を獲り、インターコンチネンタルカップと新設されたヨーロピアン・スーパーカップも勝った。手当たり次第に獲れるタイトルを獲りまくった2シーズンだった。

ミケルス監督は6シーズンで4回もリーグ戦を制しているが、このころのオランダはアヤックスかフェイエノールトのどちらかが優勝するリーグだったので偉業というほどではない。コバチ監督は国内リーグ、チャンピオンズカップを100パーセントの確率で優勝しているのだから、よほどこちらのほうが戦績としては図抜けている。

しかし、トータルフットボールとともに語られるのはミケルスであってコバチではない。その名が刻まれるのはやはりパイオニアのほうなのだ。ミケルス監督はバルセロナでも優勝しているし、1974年西ドイツワールドカップでは革命的なオランダ代表を率いて準優勝しているということもある。ただ、ミケルスがそのままアヤックスを率いていたとして、コバチのような成績を収められていたかという多少の疑問はある。また、コバチ監督はアヤックスを2シーズン率いた後にフランス代表監督に就任しているが、ミケルスのように6シーズン率いたときにどうなっていたかも正直わからないと思うのだ。

ミケルスは強面の監督だった。1992年のユーロでオランダの監督だったときの記者会見で、

「うちには2人のワールドクラスがいる。ファンバステンとライカールトだ」

と話していたのが印象に残っている。マルコ・ファンバステンとフランク・ライカールトが

ワールドクラスなのはそのとおりだが、キャプテンのルート・フリットの名をあげなかった。わざとか、それともうっかりなのかはわからない。ただ、会見場では誰もそのことについて質問しなかった。有無を言わさぬ雰囲気があった。無茶なたとえだが、いかりや長助に似ていると思った。あるいは田中角栄。ダミ声なのだ。あのヨハン・クライフを従えてきた監督である。自身がオランダサッカーの歴史みたいな人物であり、フリットやファンバステンなど、ミケルスにとっては子供みたいなものなのだろう。アヤックス時代のニックネームは「スフィンクス」。圧倒的な存在感と無表情がミステリアスなカリスマ監督だった。

革命的なトータルフットボールの導入にあたって、ミケルス監督の要求は過酷なものだったという。鬼軍曹のように容赦なく鍛え上げた。若きアヤックスを世界トップレベルへ引き上げた功績は間違いなくミケルスのものだが、そのまま締め付け続けていたらどうなっていたかはわからない気がする。

後任のシュテファン・コバチ監督は少しだけ「緩めた」。選手への接し方もフレンドリーで、有無を言わさぬミケルスとは違っていた。今やスターとなった選手たちを大人として扱っている。クライフが全盛期にあり、ヨハン・ニースケンスやヨニー・レップなど若手の台頭もあった。アヤックスがチームとして成熟し、コバチ監督はその果実を着実に収穫したといえる。創業者が築いた土台を上手に運用して、より大きな成果をもたらした。

やはり戦術的な革命を起こしたACミランにおける、アリゴ・サッキからファビオ・カペッロへのリレーもアヤックスのケースと似ているかもしれない。

1987―88シーズンにサッキ監督が就任すると、わずか2敗でスクデットを獲得した。次のシーズンとその次はチャンピオンズカップを連覇した。サッキは画期的なプレッシング戦法を導入し、イタリアはおろか世界のサッカーに衝撃を与えている。サッキがイタリア代表監督に就任して退任すると、カペッロが後任監督となった。91―92シーズンに無敗でセリエA優勝を成し遂げると、そのまま3連覇を達成。CLでは92―93シーズンから3回連続で決勝に進出、93―94は優勝。サッキ時代を大きく上回る戦績を残した。

カペッロはサッキの前任者でもあった。サッキが就任する前のシーズンで、解任されたニルス・リードホルム監督に代わって指揮を執っていたのだ。当時のカペッロは〝つなぎ〟だったので、サッキ就任とともにフロントの仕事に就いていた。サッキ退任とともに現場に戻ってきたわけだ。世界中の指導者がそのメカニズムを知ろうと躍起になっていたサッキの戦術について、間近でそれを観察できたのはカペッロにとって大きかったに違いない。そしてカペッロ監督もやはり前任者のやり方を少し緩めている。

サッキは戦術マニアで、次々と新しいアイデアを試みていた。選手の日常生活まで監視対象とし、戦術的な規律には非常に厳しかった。ミランを率いた4シーズンで2回のヨーロッパチャンピオンに輝いたが、国内リーグ優勝は1回だけだ。カペッロ監督はその後の5シーズンでセリエA優勝4回である。このあたりの関係はアヤックスにおけるミケルスとコバチに似ている。カペッロ監督はサッキ時代よりもディフェンスラインを少しだけ下げ、そのぶんハイプレスも少し控えた。サッキの締め付けに疲弊していた選手たちが蘇り、もともと高かった個々の能力を発揮している。サッキ時代の斬新さは薄れたが、より堅実で着実に勝てるチームに成熟したといっていい。

広島におけるミシャから森保への継承でも、前任者のやり方を少しだけ緩めていた。緩めるといっても甘くするわけではない。チームのポテンシャルを発揮させるための微調整という意味である。誰も思いつかない斬新なアイデアでまったく新しいスタイルを生み出すパイオニアは偉大だが、そこに手を入れてより完成度の高いものに仕上げていく後継者の仕事もかなり高度だと思う。自分のオリジナルでない作品に手を入れて改善できるというのは、パイオニア以上の腕がないと難しい気さえする。

筆者の卑近な例で考えてみても、他人の書いた文章を添削するのはけっこう難しい。場合によっては全部直したくなるときすらある。意外と中途半端に修正するほうが難しいのだ。逆に、自分の書いた文章に編集者の手が入ったときにも違和感があったりする。ちょっとした言葉のチョイスにすぎないのだが、自分だったら絶対に使わない言葉が入ってくるだけでもの凄く違和感があるのだ。逆にいうと、違和感なく修正できる、元の文章を残しながらさらに良くするというのは、書き手以上の実力があるということかもしれないのだ。

森保監督はたんに守備を整備しただけではない。5―4―1への移行過程でボールを奪い、効果的なカウンターにつなげていた。いきなり引いてしまうのではなく、コンパクトな状態を作りながらブロックを下げているので、引ききる前に奪うこともできた。また、課題である5―4―1になった後の攻撃に関しては、自陣深くからGKも使いながらパスを回し、そこへ相手にハイプレスさせて一気にひっくり返すカウンターを武器にした。リスクの高いやり方だが、これをされると相手はハイプレスに行きにくくなる。そうすると今度はプレスがないのでボールを運びやすくなる。

森保監督下の黄金時代が、ミシャ監督時代よりも守備的になったのは確かだ。守備的というよりも、攻撃と守備のメリハリがついたスタイルになった。リードしたら5―4―1で分厚く守る。守備の時間は必然的に長くなった。しかし、そこからのカウンターが有効で、相手を引き出して追加点を奪う戦い方ができていた。攻めても守っても強いのだから優勝するはずである。

就任5年、広島は降格圏に沈み森保監督は解任となった。当初の理想から現実路線に寄ったことによる経年劣化が起こったのだろうか。それもあるかもしれないが、中心選手の何人かがピークを過ぎ、あるいは移籍してしまい、それに代わる補強が上手くいかなかったことが大きいと思う。チームは生き物だ。1つ2つのポジションが以前と同じように機能しなくなっただけで全体のパフォーマンスに影響してしまう。浦和からの相次ぐ引き抜きがあり、予算の限界から必ずしも思いどおりの補強もできない。創るのも維持するのも大変だが、壊すのは簡単ということだろうか。

対戦相手も可変の隙間という弱点を執拗についてくるようになっていた。森保監督は、相手のカウンターに備えるためにＤＦを中央に寄せてパスを回すビルドアップに変えて、攻撃しながらカウンター対策を図るなど必要な手は打っていたが、それでも修復は難しかった。奇しくも浦和で我が道を進んでいたミシャ監督も同じ２０１７年に解任されている。

森保は東京五輪に出場するＵ―23代表監督に就任した。今度のチームに前任者はいないのでイチから作り上げる初めての作業になる。そこで新たな顔を見せてくれるのかもしれない。

後継者の資質

西野朗監督が10年間率いたガンバ大阪を退任、後任は呂比須ワグネルだったが、コーチライセンスがＪで指揮を執る基準を満たしていないことからジョゼ・カルロス・セホーンが監督に就任した。ところが、第３節に敗れるとセホーンは解任され、呂比須を含むコーチングスタッフも同じくクラブを去ることになった。ＡＣＬとＪ１で公式戦５連敗。優勝候補だったはずのＧ大阪が、いきなり待ったなしの状況に陥ってしまうのだから恐い。

後任にはクラブＯＢの松波正信が就任、沈みかけた船を立て直すのは簡単ではなく、途中からようやく持ち直したものの最終成績は17位。屈辱のJ2降格となった。

2013年、元清水エスパルス監督の長谷川健太が招聘される。

長谷川新監督のG大阪はJ2で優勝、J1へ1年で復帰を果たす。そして2014年には何と三冠を達成した。15年はリーグ2位、16年は4位と優勝争いに加わり、クラブを完全に立て直した。長谷川監督は西野監督から直接バトンを渡されたわけではないが、強いG大阪を復活させた後継者とみていいだろう。ただ、広島におけるミシャ→森保とは違っていて、長谷川監督は西野監督とは異なる特徴のサッカーだった。攻撃一辺倒だった西野スタイルから、堅守速攻型のG大阪として生まれ変わっている。

J1から降格した2012年、順位は17位だったにもかかわらず得点数はJ1のトップだった（67ゴール）。最多得点チームが降格するのは珍しいが、失点がワースト2の65失点だったのだ。このときのG大阪は天皇杯の決勝にも進出していて、自慢の攻撃力は落ちていなかった。失点の多さが明白な弱点だったわけだ。だから、ある意味で長谷川監督が守備強化に乗り出したのは当然の処置といえる。これに関してはミシャから引き継いだ森保監督が守備を整備したのとまったく同じといっていい。「失点覚悟でそれ以上に点をとるのがG大阪のサッカー」という西野監督時代のイメージが強烈だったが、いわば外様の長谷川監督からみれば失点を放っておくほうが異常にみえただろう。

長谷川監督はG大阪を守備的なカラーに変えたわけではない。攻撃に注力するから守備はやらなくていいという考え方を否定し、守備もしなくてはいけないとつけ加えただけだ。ただ、森保監督が前任者の遺産をそっくり引き継いだうえで弱点を補強したのに比べると、プレースタイルそのものもかなり変化している。

長谷川監督がG大阪にもたらしたのは、切り替えの速さと球際の強さだ。ボールを奪いきる、奪ったら素早く攻める、それだけでチームは生まれ変わった。もともと攻撃力は高く、降格した年でもJ1最高得点だったのだから、それに守備力とカウンターの鋭さが加われば鬼に金棒だったわけだ。宇佐美貴史とパトリックの2トップがカウンターアタックで個の能力を存分に発揮している。

日頃のトレーニングからインテンシティを強調するチーム作りは、日本代表のヴァイッド・ハリルホジッチ監督に似ていた。遠藤保仁は、

「(ハリルホジッチ監督は)たぶん、うちのサッカー大好きだと思いますよ」

と、話していた。遠藤自身は代表には招集されなかったが、今野泰幸、井手口陽介、倉田秋、東口順昭、三浦弦太ら多くの選手が代表に招集されていた。

三冠の後も2位、4位と上位をキープしていたが、2017年は優勝争いから脱落、ACLも敗退し、リーグカップと天皇杯も敗れて早々に無冠が決まった。長谷川監督も来季の体制固めに入る9月の段階で退任が発表されている。クラブは「卒業」と表現した。

長谷川監督も森保監督と同じく、前任者の残した遺産を使いながら弱点を補強して大きな成功を収めたが、最終的には遺産を使い切ってしまった感がある。広島は森保監督が退任するとミシャ式のプレースタイルも終了、長谷川監督は西野時代に培った攻撃力を保ちつつ守備と速攻を加えたものの、次第にかつての攻撃力は失われていった。

ミシャ、西野のパイオニアは大きなリスクを負っても攻撃力の増進に注力、そのぶんバランスも悪かった。後継者たちは適切なバランスを見出し、そのおかげで前任者以上の戦績も収めたのだが、財産を使い切った時点で下降線を辿ることになった。

新しく何かを創り上げるのと、それを改良して完成に近づけるのでは、やはり仕事の性質は違う。創業者は創り上げる過程で多少のムラには目をつぶる、後継者は土台があるぶん独創性は発揮しにくい。もちろん監督だけでクラブの浮沈が決まるわけではなく、さまざまな要因は絡んでくるわけだが、大雑把にいえばパイオニアには発想力と馬力、後継者には緻密さと現実的な手腕が必要だろう。

筆者が少し不思議に思うのは、森保と長谷川は2人とも現役時代の印象ではあまり監督向きではなかったことだ。もっとも、それは個人的な印象にすぎず、実際に2人とも監督として大成功しているのだから資質は十分だったに違いない。ただ、2人とも職人的な名選手だった。森保は相手の攻撃の芽を摘み、丁寧に味方へパスをつなぐ典型的な守備的MF、長谷川はパワフルで突破力のあるウイングまたはストライカー。2人ともスペシャリストで日本代表選手だったが、チーム全体をオーガナイズするようなタイプではなかったのだ。自分の世界で勝負していた。例えば、風間八宏は選手のときから監督的な視座を持っていた。森保や長谷川とドーハの予選を戦ったメンバーでも、キャプテンだった柱谷哲二やプレーメーカーのラモス瑠偉もリーダーシップという点で監督になるだろうと容易に想像できた。だが、森保と長谷川にそのイメージはなかった。

長谷川監督は、

「プレッシングがどういうものか知ったのは指導者になってからだった」と、話していた。現役時代はＦＷだったので、守備戦術の知識がなくても大して問題ではなかったのだ。当時はプレッシングが世界的に、もちろん日本でも流行していたから、知らないという選手ばかりではない。興味がなかったのだろう。それで自分の仕事に影響が出るわけでもない。ある意味合理的、現実的なのだ。

「浜松大学サッカー部の指導をした経験は大きかった」（長谷川監督）

学生に教えながら、自分も指導者として整理できたものが多かったようだ。そのときはテレビで解説者もやっていたが、意外というと失礼だが理路整然とした話し方には現役時代とは違う雰囲気を感じたものだ。

森保と長谷川は、指導者を志したときから監督になっていったような気がする。選手時代から監督的だったのではなく、そのときは選手として自分の持ち場に専心していたが、仕事が指導者になればなったで、そちらのスペシャリストに向かっていったのではないか。知識を身につけて視野を広げた時点で、もともと持っていた勝負師としての資質が表に出てきたのではないかと思う。

デルボスケ的

掘孝史監督が２０１７年のＡＦＣ最優秀監督賞を受賞した。ちなみに日本女子代表の高倉麻子監督との男女ダブル受賞だった。掘監督の受賞理由は浦和レッズのＡＣＬ優勝がすべてだと思う。解任されたミシャの後任として浦和の監督になったのは7月末のシーズン途中だった。そこからチームを立て直して10年ぶりのＡＣＬ制覇を成し遂げている。

掘監督の就任はこれで二度目である。最初は２０１１年10月、やはり成績不振で解任されたゼリコ・ペトロヴィッチ監督の後任だった。前任者の名前がどちらもペトロヴィッチなのはたんなる偶然だが、掘監督は降格圏内から脱出させてミシャことミハイロ・ペトロヴィッチへバトンを渡した。このときの掘は暫定監督だったわけだ。ミシャ監督になってからも掘はコーチとしてチームを支えていった。

ビッグクラブにはこういう便利な人がいる。シーズン中に監督解任となると、後任がすぐに見つからない。しかし試合は待ったなしだ。とりあえずクラブ内で誰かを緊急的に監督に据えなければならない。英語圏ではケア・テイカーと呼ばれる。多くの場合はチームの状態を把握しているコーチングスタッフからの昇格になるが、場合によっては全然違う部門からケア・テイカーになるケースもある。

バルセロナではカルラス・レシャックがそういう人物だった。レシャックはバルセロナの名選手で、引退後もクラブで何らかの仕事を歴任している。バルセロナBのコーチ、監督を務めた後、ルイス・アラゴネス監督率いるトップのコーチとなり、88年にアラゴネス退任後にケア・テイカーとして指揮を執っている。その後は選手時代に名コンビだったヨハン・クライフ監督のコーチとして「ドリームチーム」を作り上げた。二度目の暫定監督は96年、クライフが心臓発作で緊急入院することになりシーズンの残りを指揮して優勝している。三度目は96年、クライフ監督解任後のケア・テイカーだった。

ボビー・ロブソン監督が就任するとコーチにはジョゼ・モウリーニョが抜擢され、レシャックはスカウト部門へ回される。リオネル・メッシを発見したのは育成統括部長としてのレシャックだった。98年に一度だけバルセロナを離れ、Jリーグの横浜フリューゲルスの監督に就任。正式な監督はこれが初である。Jリーグでは成功しなかったが、バルセロナ式の攻撃的な3―

4―3はかなりのインパクトだった。新人の遠藤保仁を抜擢し、遠藤のサッカー観に大きな影響を与えている。2001年にバルセロナの監督に就任、1シーズン務めた後は再びフロント職に戻っている。

選手時代を含めて40年以上もバルセロナのために働いたレシャックはクラブの生き字引のような存在で、監督のポジションに穴が開いたときにはすぐに埋めてくれる信頼できる人物でもあった。レアル・マドリーではビセンテ・デルボスケがまさにレシャック的な人物だった。デルボスケといえば、ジネディーヌ・ジダンやロナウドがプレーした「銀河系」時代の監督として2度のCL制覇を成し遂げ、スペイン代表監督としても2010年南アフリカワールドカップで優勝、12年のユーロも優勝とタイトルコレクターの印象が強いが、もともとは裏方的な役割を長年果たしてきた人である。

デルボスケはレシャックと同時期にレアル・マドリーで活躍、引退後は下部組織のコーチを務めていた。1994年に暫定監督として2カ月間指揮を執る。2度目は96年、このときは1試合だけのケア・テイカー。99年が三度目、ジョン・トシャック監督の後任に就き、そのシーズンのCLに優勝して本格的な監督となった。その後はリーガ・エスパニョーラ優勝2回、C

Lをもう一度獲っている。スペイン代表監督として2010年ワールドカップで初優勝をもたらし、ユーロ2012も優勝とタイトルを獲りまくった。

掘孝史は東芝、浦和、平塚（現在の湘南）でプレーした後、湘南と浦和で主に下部組織のコーチをしていた。そしてケア・テイカーとして監督就任という経緯はレシャックやデルボスケと同じである。掘監督はACLを獲ったので、これからデルボスケの道を歩むのかもしれない。前任者のペトロヴィッチは2人とも個性的な監督だった。ただ、暫定監督となった堀は2回とも前任者のサッカーは継承していない。どちらも堅守速攻型の手堅いスタイルに変更していて、前任者とは関係なく自分のスタイルでチームの立て直しを図っている。この点では広島における森保監督よりもG大阪での長谷川監督に近い。

ACLでは準々決勝から指揮を執った。川崎フロンターレとの第1戦は1―3、しかしホームの第2戦を4―1で勝利する大逆転でベスト4進出。上海上港（中国）とはアウェイ1―1、ホーム1―0で競り勝つ。決勝のアル・ヒラル（サウジアラビア）もアウェイ1―1、ホーム1―0と準決勝とまったく同じ勝ち方だった。

最後のホームゲームでは長澤和輝が2トップと4―1―4―1のインサイドハーフを兼ねる

役割を果たし、堅守でアル・ヒラルの攻撃に耐えている。左サイドハーフでスタートしたラファエル・シルバがトップに上がる、トップの興梠慎三がサイドハーフへ下がる、ボランチの柏木陽介がトップに上がるなど、ゲーム展開と選手の疲労度に応じてポジションをかなり変えているが、フォーメーションと戦い方は一貫していた。このあたりの選手起用の柔軟さと戦術の手堅さが堀監督の特徴なのだろう。鹿島アントラーズのような粘り強い戦いぶりともいえるが、ミシャが就任する前の浦和はカウンター型のチームだった。唯一のリーグ優勝である2006年の浦和は、田中マルクス闘莉王を中心とした堅守、ワシントンとロブソン・ポンテのカウンターが持ち味だったのだ。その意味では堀監督のサッカーは浦和らしいスタイルだったといえるかもしれない。

進化する川崎フロンターレ

2017年のJ1は川崎と鹿島が最終節まで優勝を争った。どちらが勝っても監督にとっては初優勝だった。川崎は風間八宏前監督の後任として鬼木達監督がこのシーズンから初采配をふるっている。一方の鹿島はシーズン途中で石井正忠監督を解任し、大岩剛に代わっていてこちらも初監督だった。

勝てば優勝だった鹿島はジュビロ磐田と引き分け、大宮アルディージャを5—0で撃破した川崎の初優勝となった。風間前監督の率いた5年間で獲れなかったタイトルを、1年目の鬼木監督が獲ったのは、ミシャから森保に引き継がれた途端に優勝した広島と似ている。

現役時代は鹿島でプレーした後、川崎に移籍して引退。川崎で下部組織のコーチを経て、2010年からトップのコーチを務めてきた。その間、トップの監督は高畠勉、相馬直樹、風間八宏と代わっていたが、鬼木は6年間コーチとして補佐している。風間監督の退任後に昇格したのは、クラブ側に風間スタイルの継続が念頭にあり、コーチ歴の長い鬼木が適任と判断したという。森保がミシャの後継者だったように、鬼木も風間の作ったチームを継続させることを期待されていたわけだ。

だから鬼木監督に前任者のサッカーを変えるつもりはなかったし、実際ほとんど変わっていない。ただ、森保がミシャから受け継いだ状況とは少し違っているところもあったと思う。

ミシャのサッカーには、はっきりした形があった。ところが風間のサッカーには原理はあっても形はない。プレーの原理については5年間で選手に刷り込まれているので、それに関しては後任である鬼木監督はチューニングすればいい立場だった。しかし、実際に選手をポジションにつけて形にする作業については鬼木監督の考えひとつになる。ある意味、監督らしい仕事は手つかずのまま残されていた。

カリスマ監督の後任として、森保と鬼木がどちらも自然体だったのは興味深い。前任者のサッカーを動かすにあたって自分もカリスマになろうとはしていない。ごく普通に自分の感性で向き合っている。端的に表れているのが守備の強化である。

鬼木監督になってからの川崎は失点が減った。得点はJ1トップの71ゴールのまま、失点は3番目の少なさだった。攻撃から守備への切り替えが速くなり、とくにプレスバックが効いている。また、ハイプレスが難しいときはリトリートする守備のメリハリも出てきていた。このあたりは鬼木監督になってからの目に見える形での進化である。攻撃型のチームを継承するにあたって、守備を改善して結果を出したという点では広島での森保監督と同じだ。

風間前監督は「守備」という言葉すら使わなかった。失点を減らすには守備よりも攻撃を改善すればいいと考えていたからだ。ボールポゼッションの高い川崎が失点するのは主にカウンターか自滅なので、どちらにしてもボールを悪い形で失わなければ失点は減る。守備の強化よりも、そのほうが直接的に失点を減らせるというわけだ。ただ、攻撃する姿勢を貫くことが風間監督の方針でもあった。守り方の作法自体はやっていたのだが、それを強調することはなく、あくまで攻撃を軸にすることを徹底させていた。

風間監督の言葉は「風間語」と呼ばれたように特殊なところがあり、その意味を知る中でチームが成長していく効果が隠されている。例えば、取材者もうっかりすると会話が成立しない。一般的な用語でも、風間監督の解釈と違っていれば話が噛み合わなくなるからだ。また、「風間語」がわからないと何を話しているのかも理解できない。鬼木監督はその点で会話が普通に成立する。風間語のように、わざと一般的な意味とズラすことで相手に考えさせ、それによって1つ高いステージに登らせる回りくどさが鬼木監督の言葉にはない。風間語のような効果はないかわりに普通に通じる安心感がある。失点を減らすために守備を整備する、普通の思考回路だと思う。

天才型の風間監督は孤高の存在といっていいだろう。監督が何を考えているのか本当に理解している選手はおそらく1人もいないと思う。間違いなく選手を上達させ、チームを強くするが、一体感となると疑問符がつく。普通の言葉で話す鬼木監督にカリスマ性は薄いかもしれないが、そのかわり選手と同じ目線での会話が成立するので一体感は作りやすい。パイオニアが切り拓いた土地に実った果実を収穫するには、さらに荒野を目指すよりも、そこで地に足をつけて仕事をする人が相応しいのだろう。

最後の最後でJ1優勝を勝ちとった川崎だが、それ以前には元旦の天皇杯決勝で敗れ、ACL準々決勝では浦和にひっくり返され、リーグカップ決勝でもセレッソ大阪に守りきられてしまった。シルバーコレクターの苦さを存分に味合わされていた。それでも最後まで諦めず、粘り強く戦い抜いたことで運を引き寄せた。DAZNマネーが注入された初年度に優勝したことで、総額22億円の収入を得たことは相当に大きい。確固たるプレースタイルを築いた川崎はこれから黄金時代を迎えるかもしれない。

風間前監督は形ではなく原理を置いていった。形の継承はいつか効力を失う。しかし、原理は形を変えながらでも継承できる。後任の一存でいかようにも組み替えられる。それは川崎の強みになりそうだ。

リアリストの見る夢

反町康治と曺貴裁の場合

バルサに染まらなかったリアリスト

変わってるな……それが反町康治監督の第一印象だった。お茶の水の「山の上ホテル」で雑誌の対談企画があり、待ち合わせ時間より少し早く到着したのだが、すでに反町氏も来ていた。ロビーの奥にレトロな喫茶室があり、敷き詰めた絨毯の上に低めのテーブルと椅子が並んでいた。客は反町氏だけだった。

反町氏は資料に埋もれていた。埋没は言い過ぎだが、テーブルにも椅子にも、さらに通路になっているはずの絨毯にまで資料がびっしりと置かれていた。こんなに資料を並べている人を初めて見る気がした。元サッカー選手、監督というより、証券マンとか他の職業のやり手みたいだなと思った。

清水東高校で全国優勝を経験しながら、一般入試で慶応大学法学部に入学。当初はサッカーをやるつもりもなかったという。すぐに「清水の反町」であると判明して強制的に入部させられたそうだ。卒業後に入社した全日空ではパイロットのスケジュール作成に携わり、サラリーマンのままJリーグ（横浜フリューゲルス）でプレーしていた。Jリーグ開幕時点では社員の身分のままプレーしていた選手が何人かいて、反町もその1人だったのだ。とはいえ、すでに日本代表にも選出されていたのにサラリーマンというのは変わっていたかもしれない。ベルマーレ平塚（現在の湘南ベルマーレ）へ移籍したときに全日空を退社してプロになっている。

1997年に引退すると、その後バルセロナへコーチ留学した。バルセロナで学びながら、バルセロナのサッカーに染まりきらなかったのは反町らしいところかもしれない。バルサの戦術やトレーニング・メソッドはとても理詰めなので、ある意味有無を言わさぬところがある。バルサのサッカーこそが本物だという思い込みを生じさせやすく、一種の洗脳に近い威力を持っている。しかし、帰国してアルビレックス新潟の監督に就任した反町のサッカーはバルサとは縁のないスタイルだった。現実主義者なのだ。

バルサのサッカーは強いし美しい。マネしたくなる気持ちはわかる。しかし、カルロ・アンチェロッティやディエゴ・シメオネは監督としてこう言っている。

「決して手を出してはいけないサッカーだ」

やがてペップ・グアルディオラ監督のときにバルセロナが全盛期を迎えると、ヨーロッパのトップチームでも模倣する動きがあった。80年代の終わりにACミランがプレッシングで一世を風靡したときと似ている。ミランの戦術は世界に普及し、やがてそれはミラン独自のスタイルではなく世界標準的な守備戦術になっていった。ところが、バルサは世界標準にはならなかった。ある程度の模倣はできる。例えば、ボールポゼッション率は比較的すぐに上がる。しかし、それ以上にはなかなか進展しなかった。パスをつないでそれからどうするか、カウンターを食らったときにどうするのか、そもそもカウンターを食い過ぎないようにするにはどうするのか。そこまで詰めないとバルサ・スタイルの模倣はかえってリスクが大きくなるだけなのだ。パッと状況を見て、反射的にバルサ・スタイルにおいて正しいプレーを選択できる域になるには、技術と才能とそれなりの時間が必要で、1シーズンでチームをバルサと同じレベルに引き上げるのは無理なのだ。アンチェロッティやシメオネにはそれがよくわかっていたのだろう。たぶん反町監督にもわかっていたのだと思う。

新潟を率いた5年間はJ2で4位、3位、優勝とステップアップした後、J1で10位、12位と苦杯をなめてJ2に降格している。06年から08年北京五輪まではU—23日本代表監督を務めた。その後就任した湘南ベルマーレでは初年度にJ2の3位で昇格を果したが、J1ではまも厚い壁に阻まれて18位で降格、Ｊ２でも14位と不振に終わる。２０１２年からは松本山雅の監督に就任。Ｊ２で12位、７位と順位を上げ、３年目には2位でＪ１へ自動昇格。しかし、やはりＪ１では16位でＪ２へ戻ることに。16年はＪ２の３位だったがプレーオフで敗れて昇格できなかった。17年は最終節で敗れてプレーオフ進出を逃している。

「ペットボトルを投げ入れられてもおかしくない、罵声を浴びてもおかしくないのに、感謝の気持ちを伝えられ、頑張れというのを聞くと逆にすごく辛い」（反町監督）

松本での６年目はかなり厳しいシーズンだったようだ。最終節後のこのコメントから、精神的にまいっているのかなと思っていたが、すぐに来季も指揮を執ることが発表されている。

反町監督が率いてきたのはいずれも強豪チームではない。アジア予選におけるＵ－23日本代表を除いて、新潟、湘南、松本は弱小とまではいわないが強い部類ではなかった。いずれもＪ２からのスタート。しかしすべてＪ１への昇格を果たしている。すぐに降格しているが、もともとクラブの基礎体力がそこまでなかったので仕方がない。どのクラブでも選手の入れ替えが激しかった。強化のための入れ替えもあったが、引き抜かれることもあった。出入りの激しいチームを短期間で軌道に乗せてきたわけだ。

反町監督は対戦相手を分析するのが得意である。長所短所を的確に分析し、相手のストロングポイントを消すだけでなく必ずウイークポイントをついてくる。自分のチームのベースもしっかり作るが、それだけで押し切ろうとは考えていない。バルセロナのように相手を圧倒して勝とうとは思っておらず、相手をほんの少しだけでも上回ることで僅差勝負を制しようというやり方だ。

松本山雅は3―4―2―1を使っている。J2で多くのチームが採用しているフォーメーションだ。攻撃は長身頑健な1トップにロングボールを打ち込み、2シャドーがセカンドボールを拾って仕掛けていくのが主要なルートだ。松本もまさにそれで、高崎寛之へのロングボールは重要な攻め手になっている。ただ、そこにヒネリを加えているのは反町監督らしいところだ。3バックの1人である飯田真輝がいつのまにか最前線に上がってきて2トップになるのだ。空中戦に強い飯田を上げることで一時的にツインタワー体制にする。飯田が上がってくるのはFK、CKだけでなく、スローインのときにも最前線へ出て行く。それもロングスローというわけでもなく、普通に近くへ投げ入れるときでも上がっていて、リスタートではない流れの中で上がっていくこともある。相手チームにしてみれば虚を突かれるだろうし、スカウティングでわかっていても単純に高さのある選手が1人増えるだけでも嫌なものだ。こうした細かい仕掛けをいくつか用意して、少しでも優位に立とうとするきめの細かさ、抜け目のなさは反町監督らしさだ。

湘南スタイルとラングニック

反町監督はイビチャ・オシム監督と親交があった。オシムが日本代表監督のとき、反町は五輪代表監督。サッカー観にも共通するものがあったと思う。反町監督が湘南を率いていたときのコーチが曺貴裁（チョウ・キジェ）で、反町から監督を引き継いだ。オシム、反町、曺に共通するのはリアリズムであり、同時に寡兵をもって大軍を破るようなロマンティシズムだ。

オシムに関してはシュトルム・グラーツで監督とコーチの間柄だったミハイロ・ペトロヴィッチが「芸術家タイプ」と評していてリアリストという印象はないかもしれないが、ジェフ市原の3年半では一度も3連敗していない。連敗も3度しかない。いつもチームが好調だったわけではなく、J1の優勝候補という位置づけでもなかった。連敗を避けられたのはオシム監督がそれなりに現実的だったからだ。「サッカーでは常に相手がある」と口癖のように話していて、対戦相手の分析と対策を怠らなかった。その点では、相手に合わせるタイプの監督なのだが、相手への対応を裏返しにして自分たちのペースに持っていく手腕は確かに芸術的でもあった。リアリストだが、本質的にはロマンティストなので「芸術家タイプ」というミシャのオシム評は当たっていると思う。

3人の中で最も現実的なのが反町監督だろう。これは率いたチームの立場とも関係があるけれども、曺監督には少しオシム寄りの理想主義的な面があり、「湘南スタイル」を確立している。インテンシティと走力を前面に出した戦い方であり、同時に攻撃時にリスクを冒していくところはオシム監督とよく似ている。

記者会見が面白いところも3人の共通点だ。

オシム監督は〝語録〟と呼ばれるような含蓄に富んだ言い回しで有名だったが、反町監督の記者会見での喋り方は落語家のようだ。立川談志風というか、嫌みも言うしトゲのある言葉もある、自虐的な言い方もする。曺監督も番記者をいじるなど、わりとやりたい放題の会見強者。3人の共通点として海外の事情に明るいところもあげられる。オシム監督はバルセロナ、レアル・マドリーといった日本にも比較的馴染みのあるチームを引き合いに出していたが、反町監督と曺監督はザルツブルク、ライプツィヒ、ホッフェンハイムなど、かなりマニアックなチームについて話すことが多い。

ちなみにザルツブルクとライプツィヒは、ともに飲料メーカーのレッドブルがメインスポンサーになっている新興クラブで、どちらもインテンシティの高いプレースタイルで欧州サッカー界に一石を投じている存在である。ついでに記せば、どちらもラルフ・ラングニックが強化担当を務めていてプレースタイルや強化方針が同じ。簡単にいえば走力を重視した戦術性の高いサッカーをする。予算に限りがある中、ビッグクラブとは違う方向性を打ち出していると いう点で、反町や曺にとって親近感があるのかもしれない。

湘南スタイルを確立した曺監督のサッカーはラングニックと指向性が似ている。

ラルフ・ラングニックはラングニック派ともいうべき後継者を生み出した。ボルシア・ドルトムントを率いたユルゲン・クロップ、その後任だったトーマス・トゥヘル、ザルツブルクのスポーツディレクター時代の監督だったロジャー・シュミットなどだ。ラングニック自身は下部リーグでの戦績は抜群だが、ブンデスリーガでのタイトルはシャルケ時代のDFBポカールぐらい。だが、ラングニックのサッカー哲学に共鳴する同志を生み出してきた。

ルーツは80年代の終わりに一世風靡したACミランのプレッシング戦法である。当時、世界中のコーチのミラノ詣でが行われ、ラングニックもその1人だった。ただ、ラングニックはそれに終わらず、ミラン方式のゾーナル・プレッシングがすっかり一般化した後も改良を重ねていった。ミランの戦術が画期的だったのは守備を攻撃に直結させたことだ。いわば攻撃的な守備。一般化した後のミラン方式は守備のための守備に変質していったのだが、ラングニックは当初最大のメリットであり魅力だった攻撃的守備の思想を継承している。

ラングニックのサッカーは、ある意味で伝統的なサッカーへの反逆行為かもしれない。技術の優位を前提に上手いチームが勝つというのがサッカーの王道とすると、上手くなくても強くなるという考え方がラングニック方式の根底にあるからだ。いかにプレッシングを行うかが最大のテーマで、敵陣でボールを奪うことで攻撃に直結させる。だから求められる選手もテクニックや創造力よりも、運動量やスピードが優先される。強烈なインテンシティで主導権を握る戦い方だ。

曺貴裁監督は2012年に湘南を率いてJ2の2位で昇格を果たす。しかし翌年にはJ1の

16位で降格。14年にはぶっちぎりの強さでJ2優勝を果たして二度目の昇格、15年はJ1で8位と湘南になってではクラブ史上最高成績を残す。ところが16年は再び降格。17年は曺監督二度目のJ2優勝で昇格を果たしている。このときもぶっちぎりといっていい。

J2での無双ぶりと、J1に定着できないところは前任の反町監督との共通点だが、曺監督のほうがよりリスクを冒す傾向がある。チャンスとみれば3バックの1人も最前線まで出て行くし、ゴール前に5人入って行くこともある。プレッシングの位置も高く、ラングニックの考え方に近いのかもしれない。

立ちはだかるJ1の壁

ところで、反町監督と曺監督の率いるチームがJ1に定着できないのはなぜなのだろう。第一に考えられるのは選手のクオリティの差だ。反町監督は横浜Fマリノスとの試合後にこんなことを話していた。

「単純にヘディングでクリアする場合でも中澤佑二とウチの選手では飛距離が違う」

ヘディングの飛距離が違えば、拾えるはずのセカンドボールが拾えなくなる。下手をすればMFが前がかりにプレスに行ったところで頭越しにボールが飛んでいって、カウンターを食らいかねない。そうしたディテールにおけるクオリティがJ1とJ2では差がある。J2で上手くいったサッカーがそのままJ1で通用するわけではないのだ。

反町監督と曺監督は、選手のクオリティに依存しすぎないプレースタイルを指向してきた。もちろんサッカーは選手次第だが、一般的に質が高いと思われている選手の能力には依存していない。例えば、ドリブルで必ず1人を抜ける能力のある選手がいなくても、1対1ではなく2対1にしてしまえばパスワークで突破できる。一般的にはドリブルで抜ける能力を持っている選手は、持っていない選手より質が高いとみられる。しかし、2対1にすることを考えるならドリブルで抜く能力は必要ではなく、そのかわりに2対1にするための走力がポイントになるわけだ。反町や曺が指向しているサッカーは、切り替えの早さ、決断力、スタミナといったクオリティを重視し、コレクティブにプレーすることで個のスペシャリティに依存しない。

彼らの指向するスタイルが、彼ら自身の好みによるのか、それともクラブの強化予算に合わせたものなのかはわからない。あるいは両方かもしれない。いずれにしても、選手の質への評価が他のクラブとは少し違い、従って指向するスタイルも違っている。近年は世界的な傾向として走力やインテンシティが重視されているが、それに沿った戦い方ともいえるかもしれない。チームとしてのインテンシティ、運動量、機動力が際立っているので、Ｊ２では圧倒的に強い。相手のほうが技術的に上でも、その差を出させないサッカーであり、違うタイプのサッカーに相手を引きずり込もうとする。しかも、曺監督の率いる湘南に関しては後の日本代表選手も輩出しているぐらいなので、Ｊ２の中では個の力でも上回っていた。それでいて相手の技術も発揮させないのだから強いはずである。

ところがＪ１のチームは技術、戦術、フィジカルのいずれもＪ２の比ではない。それでもチーム力で個の能力差を埋めるまでは何とかできるのだが、そのときに無理をしなければならず、その無理をつかれると窮してしまう傾向があった。具体的には湘南にあえてボールを持たせる戦い方をするチームが難敵になっていた。

先に引かれてスペースを埋められてしまうと、湘南の武器である切り替えの早さが使えない。個よりも数的優位がモットーの攻撃なので、リスクを冒しても人数をかけていかなければ点はとれない。つまり無理をして攻撃をする。するとその無理をついて相手はカウンターを仕掛けてくる。カウンターにおける個の破壊力はＪ２にはないもので、切り替えの早い湘南でも守りきれない。持ち前の機動力がかえってアダとなってしまうのだ。

「二兎を追って二兎を得たい」

曺監督はそう言っていたことがある。二兎を追って一兎をも得ずと言うが、勝利と内容、結果とチームの成長を両立させたいという意味だろうか。相手が引いてしまうのなら、湘南もリスクをかけずに少ない人数で攻撃する手もある。点はとれないかもしれないが、無理をしなければ相手の思うつぼにもならない。ただ、それではもう湘南スタイルとはいえない。壁の前で立ち止まるか越えようとするか、曺監督にとっておそらく選択の余地はないのだと思う。二兎を追ったシーズンは諺どおりになってしまったが、三度目のＪ１への挑戦でも立ち止まることはないだろう。

辺境からの逆転の発想

ボルシア・ドルトムントを率いたころのユルゲン・クロップ監督の代名詞がゲーゲン・プレッ

シングだった。世界中から称賛を浴びたバルセロナに対して「退屈」と評したこともある。バルサをくさしているのではなく、単純に個人的な趣味の問題として、

「もし子供のころにバルサのサッカーを見ていたら、サッカーではなくテニスをやることになったかもしれない」

クロップにとって、人から人へパスが回り続け、1チームしかプレーしていないようなスポーツは面白くないのだ。もっと激しく、スピーディーで、情熱をたたき込めるようなサッカーが好きなのだろう。クロップ監督のチームはスピーディーで縦に速い攻撃をする。ボールを失うことを恐れず、失っても即座にプレスして奪い返そうとする。攻守が一体化したシームレスなスタイルだ。それはリバプールを率いても同じで、高いインテンシティとスピード溢れる攻撃は健在である。

ゲーゲン・プレッシングとは、主体的に行うプレッシングだ。ドルトムント時代ならば、トップのロベルト・レヴァンドフスキへ縦パスを入れ、同時に一気に周囲が前進してレヴァンドフスキをサポートする。レヴァンドフスキがボールを収められなくても、ボール周辺にはドルトムントの選手たちが殺到してきているのでセカンドボールを拾ってそのまま攻め込んでしま

う。こぼれ球を相手に拾われたとしても、すでにそこへプレスをかけて囲い込める状況を作っている。相手のボールになってからプレスするのではなく、攻撃時にすでに守備の用意ができていて、攻撃と守備を分離せず、攻守の切り替えという概念を取っ払った。要は敵陣にボールがありさえすれば、ボールがどちらの側にあろうとクロップのチームに有利であるという考え方に基づく仕掛けだ。

ラングニックがスポーツダイレクターを務めているライプツィヒも考え方はクロップと同じ。攻撃してボールを奪われた場所でプレスするというより、予めプレスすると決めた場所で攻撃している。攻撃時からそこへ人数を投入し、わざと攻撃を密集化させることでボールを失った瞬間のプレスの効果を上げる。後方のビルドアップには時間も手間もかけず、縦へパスを入れてそこへ人数を集約。相手ボールになっても素早くプレスして攻守のテンポを上げ、自分たちのリズムに引きずり込む。

画期的だが、ある意味本末転倒のアイデアともいえる。例えば、バルセロナはボールをキープして攻め込み、相手を押し込んでいるので素早くプレスをかけてボールを奪える。あくまで攻撃が主。だから一方のサイドで攻め込めなければ、すぐにサイドを変え、フィールドを広く使って攻撃している。一方、ライプツィヒはプレスすることが前提なのでサイドチェンジはあまり行わず密集を攻めきろうとする。攻撃はしにくいが守備はしやすいからだ。これでは守備のために攻撃しているようなものだが、守備を攻撃に直結させるつもりなのでこれでいいわけだ。逆転の発想といえるかもしれない。

発想の逆転からなるサッカーは結果にも逆転現象をもたらす。技術の優位、才能や予算の優位を覆すことがある。ただ、曺監督や反町監督がドイツの新興勢力に興味を引かれているなら、たんに置かれている境遇が似ているという理由だけではないかもしれない。知恵と工夫で、持たざる者が持てる者へ一矢を報いてやろうという反骨精神に共鳴しているのかもしれない。

およそ革新的なアイデアというのは保守本流からは出てこないものだ。中心からは少し外れた辺境で生まれる。オランダのトータルフットボールのアイデアは、今でこそバルセロナやペップの率いるマンチェスター・シティなど、サッカー界の中心になっているが、当初は辺境であるオランダから生まれている。ドイツ、イタリア、イングランド、ブラジルではなく、まだ国際舞台で何の実績もなくプロ化すらしていなかったオランダから画期的なアイデアが出てきた。旧ユーゴスラビアもさまざまなアイデアを生み出すことで知られていたが、こちらもヨーロッパサッカーの中心からは少し外れたている。辺境から思い切ったアイデアが出てくるのは、中心の保守本流と同じことをやっていても勝てないからだ。どうやったら対抗できるか知恵を絞る、そこから伝統を踏襲する強豪には思いも寄らないアイデアが生まれてくる。

ゲーゲン・プレッシングは主体的なプレスという点で画期的だった。しかし、クロップ監督のドルトムントでの最後のシーズンは降格寸前まで落ち込んでいる。1つの理由はレヴァンドフスキをバイエルン・ミュンヘンに引き抜かれたことだ。強力なターゲットマンの後継者はおらず、ゲーゲン・プレッシングの引き金となるロングパスを収められなくなってしまった。レヴァンドフスキが収めるか、少なくともこぼれ球にしてくれるからこそ、ゲーゲン・プレッシングは猛威を発揮できたのだ。そこで簡単に弾き返されてしまえば逆カウンターを受けてしまう。ドルトムントはブンデスリーガ連覇を達成してドイツ二強時代を作り上げたとはいえ、資金力ではバイエルンがはるかに上だった。レヴァンドフスキが典型だが、バイエルンはライバルチームからのエース強奪を常套手段としてきた。

ただ、ゲーゲン・プレッシングは戦術的にも欠陥があったといわざるをえない。そもそも主体的なプレスとは、相手の状況に関係なく、半ば強引にプレスしていくことを意味する。しかし相手が上手ければ無謀にプレスしても外されてしまうだけで、外されたときは守備に穴が開くことになる。ロングボールに合わせて前進している時点で戦列も伸びてしまう。守備はそのときの状況に応じて行うべきものであり、レヴァンドフスキなしで条件が変わっていたのにゲーゲン・プレッシングを同じようにやってしまったこと自体、すでに相手をみていないという弱点の表れである。

決め打ちのゲーゲン・プレッシングはギミックのようなもので、ある期間は効果的だがメッキが剥がれてしまえばそうでもなかった。伝統の重さをひっくり返すには、やはりそれだけでは足りなかったのだと思う。ただ、クロップが一時期の栄光を築いたのは事実であり、それは長くは続かなかったけれども、ライプツィヒなどがその意思を受け継いで新たな挑戦を続けている。補強は23歳以下、技術よりもスピードの評価基準、そしてインテンシティを極限まで高めようとする戦い方……伝統や常識に従っているだけではバイエルンは倒せないのだ。

スペインではレアル・マドリーやバルセロナと同じようなサッカーをしなかったアトレティコ・マドリーが二強時代に終止符を打ち、三強時代の幕を開けた。日本でも曺貴裁や反町康治が火の手をあげている。まだその火はＪ１の風に吹き消されているけれども、やがて大きな炎になるかもしれない。新たなアイデアと価値観を掲げて挑戦を続ける姿は、たとえそれが上手くいかなくても人々の心を動かさずにはいられない。必ず後を継ぐ者も現れる。トップリーグでの実績がほとんどないラングニックに多くの後継者が現れたように、日本にも反町や曺の影響を受けた指導者がこれから現れるに違いない。

長期的戦略と監督えらび

日本代表監督の場合

ハンス・オフト　原理原則を植えつけた教育係

ハンス・オフトの日本代表監督就任が決まってすぐのタイミングだったと思う。まだ1試合の指揮も執っておらず、代表新監督として日本リーグを視察していたころだ。Jリーグも発足していない。マツダ対本田技研、試合前の記者室にオフト監督（予定）がいた。はっきり覚えていないが、たぶん以前に面識があったのだと思う。

「どの選手がいいんだ?」

メンバー表を眺めていたらオフトに声をかけられた。

「本田なら黒崎、北澤。マツダは風間、高木、あと森保がいいかな」

そう答えると、オフトの目が光った。

「この森保という選手は何がいいんだ?」

あなたのほうがよく知っているでしょう、そう言いかけたがやめた。オフトはマツダのコーチをしていたから知っているだろうと思ったのだが、オフトがいたときに森保がプレーしていたかどうか確信がなかったからだ。ところが、森保はまさにオフトによって見出された選手だと後に知った。オフトは１９８４年からマツダのコーチを務め、87年からは監督に就任している。森保一は87年にマツダに入団しているのでオフト監督下でプレーしていた。ただ、オフトは88年に辞任していて森保と接点があったかどうか記憶が曖昧になっていたのだ。よく知っているくせに「何がいいんだ？」と聞いてきたオフトも人が悪い。真面目だけれども人を食ったお茶目なところもあった。

オフトに森保のことを聞かれた私は、実のところシドロモドロ。良い選手だとは聞いていて2回ぐらい見ていたのだが、特徴と言われるとよくわからなかったのだ。オフトは、自分でもよくわからない私の森保評をフーンという顔で聞いていた。

少し経ってからオフト・ジャパン初の代表メンバーが発表された。その中に森保一の名前があった。

「あの、このモリという選手をよく知らないのですが、なぜ選んだのですか？」

記者会見ではそんな質問が出た。現在なら日本代表に選出される選手の名前を間違えるなどということは起こらないだろうが、当時はそんなものだったのだ。日本リーグのテレビ中継はほとんどなかったし、まして地方のチームに所属する若くて地味で高校時代に全国大会にも出ていない森保の名前など、専門誌の担当記者でもないかぎり知らなくて不思議ではなかった。選ばれた森保のほうが驚いていたのではないだろうか。だが、やがて森保は日本代表に欠かせない1ピースになっていく。いわゆる〝マケレレ・ロール〟。ラモス瑠偉や福田正博、北澤豪の背後をカバーしまくり、こぼれ球を拾いまくった。

オフトは人の才能を見抜く独特の能力があったようで、ジュビロ磐田や浦和レッズの監督になったときも多くの若手を成長させた。高校選抜が欧州遠征した際にアテンドしたのが、オフトと日本の最初の接点だった。選手の顔写真だけを見てズバズバとポジションを言い当てたというエピソードがある。

「日本をワールドカップに連れて行く」

就任時にそう宣言したオフト監督に率いられた日本代表は急成長を遂げた。日本サッカー史においてもターニングポイントだった。

「それまでは韓国と当たると終わりだった」

キャプテンだった柱谷哲二はそう振り返っている。韓国どころか、北朝鮮や中国にも歯が立たなかった。１９８８年ソウル五輪の予選を戦ったときの石井義信監督は、「アジアで日本より個人技が下という国はあまりなかった」と述懐している。

「タイやシンガポールも曲者で、はっきり日本より下だったのはカンボジア、マカオ、ネパールぐらいだったと思います」

それから4、5年の間に個人技そのものはかなり上がっていったのだが、中東はおろか東アジアでも日本の地位は高くなかった。それが一転したのがオフト監督の率いた時期である。実はメンバー自体は前任の横山謙三監督のときとほとんど変わっていない。すでに三浦知良もラモス瑠偉もいた。柱谷、井原正巳、吉田光範、堀池巧……横山ジャパンにいなかったのは森保と復活したベテラン都並敏史ぐらい。横山監督時代も最後のころは読売クラブの面々が軸になってかなり攻撃力は増していたのだが、オフトに替わってからの変化は劇的だったといえる。

オフト監督は技術を上げたのではなく、技術の使い方を教えた。あるいは整理した。

トライアングル、スリーライン、コンパクト、アイコンタクト……オフトはオランダ人だが、簡単な英語を用いてサッカーで起こっている事象をわかりやすく伝えていった。それまでも全く知らなかったわけではないが、なにせはっきりした名前がついていなかった。呼び方はチームによってまちまちだったし、事象としてはあっても認識されていないものも多かった。それまで曖昧だったものにオフトが名をつけ、用語として定着させたことで、いろいろなことが明確になっていった。するとチーム力は劇的に上がった。

具体的には後方からのビルドアップができるようになり、日本がボールを支配する試合が多くなった。それまではプレッシャーを与えれば日本はミスすると対戦相手は考えていて事実ミスをしていた。ところが、プレーが整理された日本は多少のプレッシャーがあっても慌てずにつなげるようになった。すると相手は奪えないので諦めて引く。ますます日本は余裕を持ってパスを回す。こうして以前はボールを支配されていた日本が、ボールを支配して主導権を握る側に立った。立場が逆転したわけだ。

選手は替わっていないので技術レベルはそんなに変わっていない。しかし、オフト監督がポジショニングや考え方を整理したら、とたんに技術が生きるようになった。まさに劇的な変化にメディアは「オフト・マジック」と書き立てたが、本人は「マジックではなくロジックだ」と言っていた。実際、オフト監督の指導はロジックにほかならない。オランダでは育成プログラムの作成に関わるメンバーの1人だった。日本代表に伝えたのは、のちに有名になったオランダ式育成指導法そのものといっていい。オランダのユース選手に教える内容だった。だからオフトは日本に「サッカーの基礎を教えている」とも言われたのだが、オフト自身はこれも気に入らなかったようで、

「ベーシックではなくディテール」

そう話していた。つまり基礎があってそれから応用という話ではなく、いずれもサッカーで起こる事象として等価であるという考え方だった。ユースチームからトップレベルまで同じく存在する事象であり、その1つ1つであって、どれが基礎で応用というものではないという認識である。とはいえ、オフト以前の日本サッカーでディテールはあまり認識されていなかったし共有されてもいなかった。だから、頭の中が整理されたことで一気にレベルアップできたのだと思う。逆に、プレーのディテールがある程度認識されるようになると成長は鈍化していった。代表監督退任後はジュビロ磐田、京都サンガ、浦和レッズの監督を務め、磐田ではその後の黄金時代の基礎を作り、浦和ではクラブ初のタイトル（2003年リーグカップ）を獲得したものの、こちらも黄金時代を迎えるのはオフト監督の退任後である。

オフトは優秀な指導者だったが勝負師ではなかったと思う。オランダで代表のユースチームを率いたことはあるが、プロチームの監督を務めたことはなかった。サッカーの原理原則を教え、選手とチームを成長させる手腕に定評がある一方で、目先の勝負にこだわって結果を出すというタイプではなかった。監督は指導者であり勝負師でもあるわけだが、どちらにより重きを置くかは人によって違う。オフトは指導者タイプであり、自らが授ける原理原則には厳格で、ある意味融通の利かないところもあった。その頑固さと辛抱強さが若手を育て、チームを成長させるのに向いていたともいえる。

サッカーを構成するディテールを取り出して名前をつけ、原理原則を明らかにしたオフト監督の功績は大きかった。日本サッカーに与えたインパクトの大きさでいえば、デットマール・クラマー以来だったのではないか。クラマーもオフトと同じ教師タイプだった。アーセナルを長年率いているアーセン・ヴェンゲル監督もそうで、「監督は教師であるべきだ」とさえ言っている。ただ、オフト監督に堅苦しさはなかった。冷静な分析家で、戦術や原理原則には厳格、少し神経質な面もあったが、人情も茶目っ気も十分で近寄り難い印象はまったくない。兄貴分というほど選手に近くはないが、頼りになるオジサンという雰囲気。若い後輩を束ねていく教育係にはうってつけだったと思う。

パウロ・ロベルト・ファルカン　ゾーンプレスの導入

在任期間があまりにも短く、この人が日本代表監督だったことを忘れている人もいるかもしれない。オフトの後任としてアジア大会まで指揮を執ったが、活動期間はわずか6カ月、たった9試合という短期政権に終わっている。

筆者は代表取材から離れていた時期だったので、ファルカンの人柄や指導ぶりについては詳細を知らないが正直あまり良い評判は聞かなかった。当時中心選手だった柱谷哲二によれば、

「いま振り返ると、とてもいいサッカーをやろうとしていた」

ところが、

「まったく当時の選手には合っていなかった。やろうとしているサッカーに比べると選手のレベルが低かった」

おそらくこれがファルカン監督の評価が高まらなかった根本的な要因ではないかと思う。

ファルカンの目指していたサッカーとは、具体的には4―4―2をベースとしたコンパクトかつ組織的なスタイルである。94年当時、世界最先端の戦術といっていいかもしれない。

94年米国ワールドカップの決勝はブラジル対イタリアだった。PK戦の末に優勝したブラジルは可変式のシステムを採用し、彼らが長年抱えていた問題に結着をつけるとともに、24年ぶりの世界王者に返り咲いている。ファルカンは91年から1年ほどブラジル代表監督を務めているので、90年イタリアワールドカップ以降の4年間に関与していたわけだ。ただ、ファルカン監督が日本に導入しようとしたのはイタリア型である。

イタリアを率いていたのはACミランの監督として〝ゾーナル・プレッシング〟を世に知らしめたアリーゴ・サッキだ。サッキ監督はイタリア伝統のマンツーマンディフェンスを廃し、ゾーンディフェンスを採用。インテンシティの高いプレッシングと組み合わせてミランをヨーロッパ最強クラブに押し上げた。4―4―2自体は以前からあるフォーメーションだったが、80年代に強力だったリバプールがよりシステマティックな形に改編し、サッキ監督がそれをより強化してミランに定着させている。戦術史的にはミラン以前と以後に分けていいぐらい画期的な戦術といえる。携帯電話からスマートフォンに変わったようなものだ。サッキはイタリア代表監督に就任し、94年大会のイタリアはミランと同じ戦術でプレーしている。

ファルカンはちょうどミランが世界を席巻している時期にイタリアで解説者をしていた。世界的に大きな影響を与えることになるチームを目の当たりにしていたわけだ。ちなみにブラジルのほうは以前からゾーンの4バックを基調としていたが、ミランのような組織的なプレッシングはやっていない。それよりも80年代から急増していた2トップにどう対処するかが課題になっていて、94年のチームは相手が2トップなら3バック、3トップなら4バックで対応する可変式システムにたどり着いた。ブラジルの場合、ゾーンといってもゾーンに入ってきた人をマークして数を合わせる守り方だったので、相手のFWの数が問題になっていたわけだ。選手を変えずに試合中でも3バックと4バックを使い分けられる可変式システムは、3バックか4バックかの議論に結着をつけるものだった。

ファルカン監督が日本代表に採り入れようとしたのはミラン方式の4―4―2に近い。サッキ監督が率いていたころのミランはディフェンスラインの位置が異様なぐらい高かったが、ファビオ・カペッロ監督に引き継がれて少し下げている。ミランの戦法への対策が進んでいたからだろう。ファルカン監督の4―4―2はカペッロ監督のほうに近く、もっといえば現代サッカーの基本型ともいえる。

ただ、当時の最先端を実現できる実力は日本代表選手たちにはなかった。たぶんファルカンもそれは承知していて、4年後の98年ワールドカップまでに形になればいいと考えていたように思える。当初、ファルカン監督はオフト前監督時代のベテランを招集せず、若手を多く選んでいた。オフトは戦術のディテールを代表選手に伝えたとはいえ、直接指導を受けたのはごくわずかにすぎない。しかも、その選手たちを招集せずに経験の少ない若手を集めたのだから上手くいくはずがないのだ。それでも4年後を考えれば、若くてポテンシャルのある選手を鍛えていくほうがいいと考えたのではないか。もしそうでなければ、ファルカンは選手を見る眼がなさすぎるし、設定した戦術も無理がありすぎるということになってしまう。

ファルカン監督が若手を抜擢していたのは「フィジカルの能力が低すぎる」という理由だった。モダンな4—4—2を実行するには、技術的には高くてもフィジカルの向上が見込めないベテランには頼れないと考えていたのだろう。

アジア大会で敗退すると、日本サッカー協会はファルカン監督の退任を発表する。契約満了、更新なしという発表だったが事実上の解任だ。協会はファルカン監督の「コミュニケーション不足」を指摘していたが、協会側もファルカンとコミュニケーションはとれていたのだろうか。

オフト監督はワールドカップに出場することを目標にしていたが、出場して勝つための準備まではしていない。ファルカン監督はワールドカップを戦うための準備をいきなり始めた。本大会を想定してチーム作りを行った最初の監督だったといえる。ただ、あまりにも独断で事を進めすぎた。退任時には、6カ月で結果を求められると思っていなかったという旨の発言をしているところをみると、協会との意思疎通を欠いていたとしか思えない。

現役時代のファルカンはMFとして世界最高クラスのプレーヤーだった。1982年スペインワールドカップではジーコ、ソクラテス、トニーニョ・セレーゾとともに「黄金の4人」を形成。イタリアではASローマを41年ぶりのリーグ優勝に導く活躍で「ローマの鷹」と呼ばれた。背筋を伸ばした姿勢、優雅なプレースタイルは「スーツと革靴でもプレーできる」と称賛されている。中田英寿がペルージャからローマへ移籍する際、説得に来たカペッロ監督は「君はローマで〝ファルカン〟にはなれず、ローマでファルカンになるんだ」と話したそうだ。結局、中田はローマで〝ファルカン〟にはなれず、トップ下にはフランチェスコ・トッティがいたこともあって出場機会を減らしパルマへ移籍することになるのだが、ローマにおけるファルカンの偉大さがわかるエピソードである。

フィールド上で超然としていたファルカンだが、監督としてはそれも善し悪しなのかもしれない。周囲はファルカンを理解していなかったし、ファルカンも理解してもらおうとしていなかった。世界と日本のギャップだけでなく、自分と周囲のギャップも埋められなかったように思う。

加茂周　世界標準への挑戦

加茂周監督は野球の野村克也監督に少し似ているかなという印象がある。古い親父タイプでありながら緻密な理論派でもあり、企業の社長さん的な雰囲気もある。日本代表監督だったとき、久々に合宿を取材に行って少し驚いたというか違和感を持ったのが監督の囲み会見だった。会見といっても練習後に数人の記者に話をするだけなので、そんなに改まった感じではない。ただ、あまりにもくだけているというか、ちょっとつかみどころのない会見だった。記者室にやがて加茂監督が現れ、どっかりと腰掛ける。記者たちがその周辺を文字どおり囲むのだが、そこからの流れが変わっていた。

「どや？」

みたいな調子で加茂監督のほうから話を促すと、顔見知りとおぼしき記者が「そうですねー」みたいな感じで世間話をしだしたのだ。サッカーとは全然関係ない話。政治とか野球とか、そのときに話題になっていることについてやりとりがあり、いつのまにかサッカーの話になっていく。あうんの呼吸というのだろうか、しばらく代表取材をしていなかった私なんかが入っていける雰囲気ではなかった。ただ、加茂監督はタバコを吸いながらリラックスしていて何でも質問には答えてくれる。当時は監督と記者の距離感はずいぶん近かったのだ。イタリアのローマでキャンプをしていたのだが、とくに差し迫った試合もなく、記者たちも毎日練習後に話を聞いているので、だんだん聞くことがなくなっていたのかもしれない。しかし、それにしても著しく緊張感を欠いた会見だった。俗に空気を読むというが、加茂監督の周囲には独特の空気があった。

「記者はウソでなければ思ったとおり何を書いてくれてもいい」

取材者にはオープンで、喫煙所で顔を合わせたときに質問しても嫌な顔もせずに答えてくれたものだ。父親が政治部の記者だったということもあるかもしれない。親しみやすさと大物感が同居した独特のキャラクターである。
ヤンマーのコーチから日産自動車の監督へ。神奈川県リーグから日本のトップチームへ押し上げた。全盛期には木村和司、金田喜稔、水沼貴史、柱谷幸一といった豪華メンバーを擁し、長谷川健太とオスカーを獲得した88－89シーズンはリーグ、天皇杯、ＪＳＬカップの三冠も達成。日本を代表する名監督としての地位を築く。

加茂監督は戦術面での指示や用兵も上手かったが、チームを統括するマネジメント力が抜きんでていた。読売クラブとともにプロ化の先陣を切って諸々の改革を行い、試合の解説者もやれば協会の強化副委員長も務めるマルチタレントぶりは岡野俊一郎を継ぐ存在だったかもしれない。

ただ、やはり監督がやりたかったのだろう。91―92シーズンには全日空（のちの横浜フリューゲルス）の監督に就任すると、当時最先端の戦術だったゾーナル・プレッシングに取り組み始めた。加茂監督はしきりに「ゾーンプレス」という造語を使い、いつしかゾーンプレスの横浜フリューゲルスというイメージが定着した。このあたりの広告戦略も巧みだった。

日本代表監督に就任したのは94年、ファルカンの後任である。さっそく横浜Ｆで導入したゾーンプレスを代表にも取り入れている。やろうとしているサッカー自体はファルカン前監督と同種のものだったのだが、違和感ばかりが残ったファルカン監督時代とは違って、比較的スムーズに新戦術を浸透させた。すでに横浜Fで経験済みだったので、日本人選手にどうやって伝えればいいか心得ていたのだと思う。加茂監督は中盤のサイドに長方形のエリアをイメージさせ、「ここへ追い込んだらとにかくプレスしろ、かわされても構わないからスライディングでも何でもプレスをかけろ」

と、かなり極端な指示をしていた。けれども、日本人選手にはこのほうがわかりやすいのだ。外国人の指導者が日本のチームを率いたときに、いちばん困るのがこの部分である。例えば、監督が「プレスをやれ」と指示する。そうすると日本の選手は何でもかんでも言われたとおりにやろうとする。それで上手くいけばいいのだが、上手くいかないときもある。監督とすれば、上手くいきそうにないときには選手の判断でやめてもらって構わない。むしろここは指示どおりにやらないでくれ、何でそんな判断もできないんだ！　とイライラしてくるという具合である。

都並敏史は現役引退後に指導者の勉強のためにアルゼンチンへ行っている。マルセロ・ビエルサ監督のサッカーにたいへん興味を持っていた。あるとき、ビエルサの腹心だったコーチにある質問をした。ビエルサ流の守備はマンツーマンなのだが、ときどきマークを受け渡すときがある。どういうときに受け渡すのか、その基準がわからなかったからだそうだ。すると、そのコーチはこう言ったという。

「雰囲気で受け渡せ」

〝雰囲気〟は〝超訳〟なのだが、要はチームとしてはマンツーマンだけれども、支障がないなら受け渡していいという回答だったそうだ。そのほうが合理的なら、むしろ受け渡せと。全部それではダメだけれども、個人の裁量で判断できる範囲ならやってもらって構わないということ。日本の選手は、この個人裁量でどこまでやっていいかの感覚がよくわからない。だいたいは、監督の方針どおりにプレーして失敗するパターンになる。監督も失敗することは望んでいない。失敗することがわかっているなら一時的に指示は無視してもらったほうがいいのだが、日本選手は失敗しそうだとわかっていても監督の指示を守ってミスをしてしまう傾向があるのだ。

もうこれは教育と環境の問題だと思う。言われたこと指示されたことを忠実にやる、その事務処理能力を評価されるのが日本の社会だからだ。加茂監督がゾーンプレス導入期に極端な指示をしていたのは、個人裁量の余地なくやり切らせてしまったほうが選手はやりやすいと知っていたからだろう。

加茂監督が推進したゾーンプレスは従来よりも事務的、機械的なサッカーといっていいかもしれない。言葉の印象は悪いが、それが当時の戦術的な潮流であり、日本はそうしたスタイルに合っていたともいえる。日本代表はヨーロッパのチームに対しては好成績を残していた。しかしアジア勢には意外と弱く、98年ワールドカップ予選では韓国にホームで敗れ、アウェイのカザフスタン戦を引き分けた時点で加茂監督は更迭となった。

ゾーンプレスはパスをつないでくるチームには効果的だったが、アジア勢は中盤をとばして前線にロングボールを蹴るラフな攻撃を仕掛けてきたので、せっかく用意したプレスは空振りに終わってしまったのだ。ロングボールも意外と脅威になっていた。そこで中央を3バックに増員すると、今度はゾーンプレス自体があまり機能しなくなってしまう。ゾーンプレスはアジア向きでなかったのかもしれない。最先端のタイヤを履いて舗装された道を走るつもりでいたら、アジア予選は石ころだらけのデコボコ道だったというわけだ。

良い監督とは何か。その問いに加茂監督は「勝てる監督だ」と答えていた。

「昼寝していて勝てるなら、昼寝するのが正しい」

代表監督としての加茂は、日本を世界標準に近づけるためにゾーンプレスを導入している。数年間のギャップを一気に縮めようとした。ある意味、加茂ジャパンはゾーンプレスに特化しすぎてしまったのがアダになった。余裕綽々の加茂監督が次第に追い込まれていったのは少し急ぎすぎたせいかもしれない。

フィリップ・トルシエ　　プレッシングの原則を手中に

3年ほどパリにいたころ、トルシエ監督のモロッコの家に電話したことがある。アフリカのサッカー事情を調べていたら、「この人に聞くといいよ」と友人から教えてもらったのがフィリップ・トルシエの電話番号だった。そのころは確かナイジェリア代表の監督だったと思う。ちなみに日本でトルシエ監督の通訳だったフローラン・ダバディも同じころにニアミスしていた。ダバディはパリで日本語のラジオ放送のDJをやっていて、たまたま友人がゲストで呼ばれた。友人いわく「すごくサッカーが好きで日本語ぺらぺらのフランス人がいた！」ということで今度会いましょうという話になっていたのだ。結局、トルシエは留守でダバディと会うこともなかったのだが、日本で顔を合わせたときは初対面な気がしなかったものだ。

ただ、実際に日本代表監督に決まってみると期待以上に不安を感じた。フランスのサッカー番組で「アフリカで活躍するフランス人監督」としてトルシエ監督が取り上げられていたのを見たのだが、情熱的というより高圧的な印象があったのだ。1998年フランスワールドカップでは南アフリカを率いていたが、グループリーグで敗退して帰国したときにはトルシエ監督を襲撃しようと待ち構えているサポーターたちがいて、彼らから押収した所持品には鉄パイプや鎖鎌まであったという。熱狂的を通り越していてあきれてしまったのだが、それだけ恨みを買っていたのかもしれない。

来日してみると、やはり日本のメディアとの諍いが絶えなかった。文化風習の違いもあるのだが、間近で接していた協会職員の話でも「自分では電車の切符も買わず、サミア（コーチ）にやらせて礼も言わない」など、あまり好意的な印象を持てないエピソードがぽろぽろ出てくる。選手への接し方にも高圧的で理不尽なところがあった。若い選手だって、見下されたりプライドを傷つけられれば面白く思わないのは当たり前である。いろいろと軋轢が生じていたのは日本だけではなく、アフリカでもそうだったしフランスのクラブを指揮していたときにもあった。正直、これほど人望のない監督も珍しい。とはいえ、望外の戦績を残したモロッコやブルキナ・ファッソではヒーローだった。やはり監督は結果次第である。

トルシエ監督は非常に仕事熱心だった。U―20、23代表の監督も兼任して若手の発掘と成長に努めている。指導方法は独特で対人練習が極端に少ないのが特徴だ。ほとんどが相手をつけないシャドートレーニング、しかも大半は「フラット・スリー」と呼ばれた守備組織の構築にあてられた。

テニスコートぐらいの面積の長方形に11人の選手を入れ、トルシエ監督がボールを手に持って移動する。監督が合図したらフィールドプレーヤー10人は守備のポジションをとる。監督が背後にボールを隠すポーズをしたときは一気に囲い込み、3バックは押し上げて陣形を圧縮。逆にボールを投げるような動作をしたときはディフェンスラインを後退させる。相手が前を向けないような状態ならロングパスを蹴られる心配はないので思い切ってラインを上げて全体をコンパクトにしてプレッシャーを強めるが、ロングパスを蹴られる状態ならフラットラインは1発で裏をつかれる危険があるので下げる。ボールの状態によってラインコントロールをどうするか、他の選手はどこへポジションをとるべきか、それを細かくさまざまなケースを想定しての練習なのだが、なにせ選手はほとんどボールに触れないし、監督の言うとおりにやるだけなので判断もほぼない。サッカーをするつもりがマスゲームをやらされているような具合だった。

平たくいえば選手にとってトルシエ監督の練習は全く面白いものではなく、そこから想像できるサッカーにも共感できるところは少ない、おまけに監督自身があまり尊敬に値するような人物に思えない……それでも4年間、解任されることもなく続けられたのは途中から結果が出始めたことが大きい。それがすべてといっていいかもしれない。メディアはトルシエ監督の戦術をあまり理解していなかったし、選手からの人望も薄く、ファンも好き嫌いが分かれていた。これで成績もさっぱりなら解任されないほうが不思議だ。しかし、トルシエの率いる日本代表はぎりぎりのタイミングで勝ち始め、続投か解任かで議論が沸騰したが岡野俊一郎会長は契約更新を決めた。

トルシエ監督の指導によって日本は初めてプレッシングの原理を理解している。導入した守備戦術自体は、ファルカンや加茂とほぼ同じといっていい。だが、習得するためのトレーニングが格段に緻密だった。80年代の後半にミランが始め、世界的に広がっていった守備戦術が20

年近く経過してようやく日本で全貌が明らかになったといえる。2000年アジアカップでの快進撃と優勝は、アジアで日本だけがプレッシングという世界標準戦法を手中に収めていて、他国が全く対応できなかったことが一因である。加茂監督のときはアジアの泥沼に足をとられた形だったが、トルシエ監督下でプレッシングが大きなアドバンテージになったのは、その完成度の高さゆえだ。

日本代表選手の質が劇的に変化していたことも大きい。中田英寿、中村俊輔、小野伸二、稲本潤一、高原直泰などの若い世代は、それ以前の選手たちとは技術レベルがはっきりと違っていた。これは育成の成果だが、トルシエ監督がすぐにそのことに気づいて世代交代を加速させたのは確かである。

ワールドカップで日本は出場2回目にしてグループリーグ突破を果たした。ベスト16はもちろん快挙だ。共同開催国の韓国がフース・ヒディンク監督に率いられてベスト4に入ったので、ちょっと影が薄くなったところはあったけれども、トルシエ監督の功績は称えられてしかるべきだ。日本サッカー協会は日本サッカー殿堂に功績者を表彰して称えていて、ハンス・オフトと加茂周はすでに選出されている。トルシエの後任になるジーコもすでに特別選考として選出された。今後、トルシエが殿堂入りするかどうかは興味深い。初のワールドカップベスト16の監督なのだから当然選ばれてしかるべきだが、万が一選ばれないとしたら、それほど協会内に強いアレルギーがある、嫌われているということだ。

トルシエ監督の在任中は、ファンの間でも擁護派と批判派で真っ二つに分かれていた。論理的で先進的にもみえる手法や、協会上層部など守旧勢力に敢然と挑んでいく姿勢に擁護派は一種のカタルシスを感じていたのかもしれない。一方、否定派は高圧的な態度や自己顕示欲の強さなどへの感情的な反発が大きかったようだ。日本サッカー界を分断したという点で「トルシエ」は1つの現象だったといえる。

仕事はできるが人間的にまったく共感できない人物とどう付き合うか。それを試されたような4年間だったのではないか。

ジーコ　途切れた強化の継続性

トルシエの次にジーコというところに、協会の監督選びにおける分裂気質がよく表れている。

トルシエとジーコは何から何まで正反対といっていいぐらいで、まさに右から左への転換である。サッカー観、キャリア、パーソナリティーに何一つ共通点がない。それだけトルシエ・アレルギーが協会内に強かったのかもしれないが、前任者に感じていた不満や足りないところを後任に求め、結果的に強化の継続性を自らがぶった切るのは、協会の代表監督人事の癖だった。トルシエ→ジーコはその典型といえるだろう。

その裏には、協会の技術委員会が長期的な展望や一貫した方針を持っていないという問題がある。もし、それがあるのならばトルシエからジーコという極端に違うタイプを監督に雇うはずがないのだ。

日本代表の強化方針は歴代監督によって作られてきたといって過言ではない。本来はそれをやるべき技術委員会が機能していないので時々の監督に引きずられてしまうのか、それとも強化方針がないので監督が勝手に言い出したことを追認するしかないのか。いずれにしてもその時々の監督が日本代表の方向性を決めている。結果的にそれが必ずしも悪いとはいえないにしても、監督人事に一貫性や継続性がなく、右から左と揺れながら進んでいくのは明らかに無駄なのだ。正反対に大きく揺れたトルシエからジーコへの継承は無駄が最大化した時期だったのではないか。

ジーコ監督就任には、それまでの監督とは一線を画することがあった。それは奇しくもイビチャ・オシム、岡田武史、アルベルト・ザッケローニに引き継がれていくので、この点では協会にも一貫性があったといえる。世界標準に追いつくという目標から、日本オリジナルを目指すようになったのだ。ザッケローニ監督時のときに行き詰まることになる「自分たちのサッカー」のはじまりだった。

その背景として、世界標準に最も近づいたトルシエ監督のチームですら4年以上のいわば周回遅れだったことがある。世界標準の戦術を模倣しても、それは後追いでしかないから追いついたと思ったら必ず先へ行かれている。これでは永遠に追いつかないし追い越せない。だから世界標準を目指すのではなく、日本の持っている長所を伸ばした独自のスタイルを身につけるべきだという考え方である。

ただ、そのスタートとなったジーコ監督はもっとシンプルだった。

「選手個々の長所を発揮することが重要だ」

世界標準化か日本オリジナルかというより、チーム作りの基本を言っているだけ。前任者が選手の個性よりも組織を強調したことへの反動もあったかもしれないが、手持ちの選手を生かすというのはチーム作りの鉄則といっていい。これは次第にはっきりしてくることなのだが、ジーコには当たり前のことを力強く言い切る癖があった。トルシエのような物議を醸しそうなことは言わない。そのかわり、誰が聞いても正論であることを力強く言い切る。つまり誰もがすでに知っていて、それはもう前提で話をしているのに、ど正論をぶちかまされて一座が白けるということが何回もあった。

ドイツワールドカップが終わって、「フィジカルが足りない」と総括したときもそうだった。いや、それは全員最初からわかってますと多くの人が思ったことだろう。フィジカルが足りないというジーコの意見は間違っていない。というより思い切り正論である。ハリルホジッチ監督になっても相変わらずそれなのだが……。

在任中、何度もそういうことがあった。ずっとそれだったかもしれない。そのうち、もうこの人には何を聞いてもダメだという諦めの境地が蔓延していた気さえする。メディアでさえそうなので、選手たちに何とも言えないマンネリ感が漂っていたとしても何の不思議もない。ドイツワールドカップの緒戦（オーストラリア戦）に負けた後のどんよりした空気感、チームのモラルが崩壊したその予兆は、すでに就任2年目あたりからあったと思う。

就任当初はそうではなかった。選手としてのジーコは世界のスーパースターであり、鹿島アントラーズの基礎を作ったJリーグの偉人でもあった。サッカーを愛し、選手に寄り添い、自由と個の解放を高らかにうたう監督への期待感は非常に高かったのだ。

もちろん危惧する声もあった。鹿島での一時期を除いて監督経験がないのは大きな不安材料だった。しかし監督経験が少ないという点ではオフトやファルカンも似たようなもので、加茂は経験豊富だったが国内限定、加茂更迭で指揮を執った岡田も監督未経験。トルシエはキャリアを積んだ指導者だったが日本でそれを知っている人はあまりいなかった。つまりは協会が監督経験を重視したことなどジーコ以前にもなかったのだ。経験不足を危惧するファンの声はもっともなのだが、それが問題という認識は少なくとも協会内にはなかったと思う。

ジーコ監督への期待感は、ピークを迎える才能ある選手たちへの期待と重なっていた。中田英寿はすでにワールドカップ2大会を経験、小野伸二はフェイエノールトでUEFAカップ優勝を勝ちとり、02年大会のメンバーから漏れた中村俊輔はイタリアでヨーロッパへの挑戦を始めた。稲本潤一、小笠原満男、宮本恒靖、松田直樹、三都主アレサンドロ、福西崇史、柳沢敦、西澤明訓、高原直泰、久保竜彦……ジーコ監督の手元には多くの俊英がいた。トルシエ監督時代には戦術優先で封印されていた才能が、ジーコ監督の下で開花するのではないかと期待されていたわけだ。

トルシエ監督時代は戦術が第一。トルシエ自身は「戦術は60％」と言っていたが、60％の戦術遂行に関しては100％を要求していた。ある意味、戦術を監督としての自分の権威づけに利用していたところもある。特殊な戦術を掲げ、それができなければ起用しないと明言していた。選手は従うしかない。戦術への異議も許されない。戦術への忠誠＝チームの忠誠＝自分への忠誠という権威づけだ。

ジーコ監督にはそうした禍々しさがない。スーパースターとしての経歴は選手からの尊敬を集めるのに十分。そもそも戦術的な指示も最小限だった。細かく規定されていたトルシエ時代に比べると、あっけないぐらいの大雑把さ。対になるポジションでバランスをとること、当初の指示といえばそれぐらいである。あとは選手それぞれが能力を存分に発揮してくれればよし。そこまで信頼されれば選手も意気に感じずにはいられない。監督ではなく選手たちが作っていくサッカー、つまり「自分たちのサッカー」は未来が自分たちの手の中にあるという希望と充実感が伴う。滑り出しは上々だった。

これがあっというまに停滞し、最後に頓挫してしまうのはジーコ監督の方針が当時の実情に合っていなかったからだ。監督としての手腕が足りなかったというより、基本方針が暗礁に乗り上げている。

ジーコは普通の監督がやるような仕事をしていないので、指導力とか戦術うんぬんの問題ではない。約束事を最小化して、フィールド上で起こる数々の問題の解決を選手たちに委ねる方針だった。日本がワールドカップで世界と戦うために足りないのはそこだと思っていたからだ。指示を与えれば忠実にやるのはわかっていた。しかし、監督がすべてのプレーを指図することはできない。何か問題が起こったときは選手たちが自分で解決できなければならないのがサッカーであり、そこが日本人の弱点だと見抜いていた。それは1つの見識ではあるかもしれない。ただ、日本は「監督」を必要としていたし、当時の状況からジーコの方針は数々の矛盾を抱えることになってしまうのだ。

ジーコ監督就任とほぼ時を同じくして、日本人選手の海外流出が本格化している。すでにヨーロッパへ移籍していた中田英や小野、稲本に続いて多くのJリーガーが海を渡っている。代表選手に「海外組」「国内組」という呼び方ができたのがこの時期からだった。主にMFから前の攻撃陣が海外組、守備陣が国内組という編成になっていく。ここで問題になったのがジーコ監督のいわゆる放任主義だった。選手たち自身がチームを作り、何か課題があれば解決していく、その繰り返しと積み上げによって確固たるベースを築く、そのためにあえて監督からの指示は最小限にする。しかしそのプランは、当時の代表を取り巻く状況の変化によって頓挫する。

そもそも代表チームはクラブと違って毎日トレーニングできるわけではない。活動期間は限られていて、しかも日程はブツ切りである。戦術の細部を選手同士の話し合いで詰めていく方式はいかにも効率が悪かった。さらに強化試合に海外組が合流できないことも多く、国内組で積み上げたディテールが海外組の合流で御破算になることも常になっていく。1週間ぐらいの期間があるときの日本はチェコに勝ち、イングランドやブラジルに引き分けるなど、強豪国とがっぷり四つでもひけをとらない力を示していた。一方、アジアのいわば格下相手に苦戦を繰り返すこともあった。選手間合意による戦術形成は積んでは崩しの繰り返しなので、いっこうに右肩上がりにならず土台が定まらなかったのだ。

ジーコ監督の「序列重視」もチームのモラルに影を落とした。選手間合意の積み上げ方式を狙う以上、代表の活動期間を考えればメンバーは固定するしかない。ジーコ監督は選手の序列をはっきり決めている。能力を認めた選手については信頼して任せ、多少コンディションが悪くても使い続けた。先発組、サブ組が明確だった。代表選手はそれぞれのクラブでは中心選手である。代表でサブ組に甘んじなければならないのはストレスになる。プロである以上それは受け入れるしかないわけだが、序列の基準が能力なのでどんなにその時の調子が良かろうと序列は覆らない。競争の結果としてのサブ組ならともかく、最初から競争になっていなかった。合宿中に無断外出した選手数人が監督の怒りを買った「キャバクラ事件」にはそうした背景があったわけだ。

とはいえ、そうしたモラル・ハザードが常態化していたわけではない。先発組でも負傷欠場が長引いたり不調が続けば序列は入れ替わっていた。競争は皆無ではなかった。むしろ問題は当初の少数精鋭主義が自壊していったことである。ジーコは海外組に信頼を置いていた。よりレベルの高いヨーロッパのリーグ戦で揉まれている海外組は国内組には得難い経験を積んでいる。もともと海外移籍できること自体、その選手の能力の証でもある。ところが、海外組でコンスタントにプレーできている者がほとんどいないという事態に直面することになった。中田英でさえもスタメン出場できなくなり、中村、稲本、小野、柳沢、大久保なども それぞれ問題を抱えていた。そうなると彼らに代わる選手、少なくともバックアップは用意しなくてはならない。海外組が強化試合に出場できないケースも多く、結果的に当初の少数精鋭主義は崩れている。中田、中村、小野、稲本のMFカルテットは「黄金の4人」として期待を集めたのだが、この4人が同時にプレーした試合は数えるほどだった。

少数精鋭による選手たちの積み上げ方式のはずが、海外組と国内組の2つのチームを並行的に作るという想定外の道に迷い込む結果に陥った。アイデアの正否の前に、それを実現するためのルートが閉ざされてしまったのだ。著しく効率の悪いチーム作りはベースがどこにあるかもはっきりせず、海外組と国内組が「プレスの位置」をめぐって正反対の主張をぶつけることさえあった。それがチーム結成当初なら仕方ないが、3年も経過しての話だからいかに積み上げが出来ていなかったかがわかろうというものだ。

ジーコ監督の日本代表は瞬間風速的に素晴らしいプレーをすることもあった。しかし、それが継続することはなく、ドイツワールドカップでも主力の故障や不調という不運はあったにしても不発に終わった。代表史上でもかつてない人材を抱えていたにも関わらず、それを浪費してしまった印象はぬぐえない。

イビチャ・オシム　日本化のスタート

ジェフユナイテッド市原千葉の監督だったイビチャ・オシムは、ジーコ監督の後任として大きな期待とともに日本代表監督に就任している。国内リーグのシーズン中にクラブの監督を引き抜いたのは異例であり悪例である。おまけに交渉前だというのに川淵三郎会長が記者会見で名前を漏らしてしまう失態もあった。就任にあたっては問題だらけだったわけだが、それでもオシム監督への評価は高かった。すでにジェフ市原を率いてJリーグで旋風を起こした実績があり、90年イタリアワールドカップではユーゴスラビアを率いてベスト8など世界的にも評価の高い監督の1人だった。オフト、ファルカン、加茂、岡田、トルシエ、ジーコと続いてきた代表監督の中で、最も実績のあるベテラン監督だった。

その言動も「オシム語録」として話題になっていた。少し回りくどいけれども、機智と含蓄に富んだ言葉の数々は多くの人々を魅了している。巨体と鋭い眼光、しかし厳格な中にやさしさも感じられ、それまでの代表監督には失礼だが格の違いを感じさせた。

「日本サッカーを日本化する」

オシム監督は就任時にそう話している。ジーコ前監督と同じで、世界標準を追いかけるのではなく日本オリジナルで勝負という路線である。ただ、実際のところは日本化というよりオシム化だったと思う。在任期間が1年半と短く、ワールドカップ予選前に脳梗塞を発症して退任しているので、そのまま続けていたらどうなっていたかはわからないが、日本オリジナルというよりオシム監督らしいチームになっていたのではないか。

オシムのサッカーは世界的にも特殊な部類に入る。多くの監督はまず守備の安定を図り、堅固な守備をベースにバランスのいいチームを作ろうとするのだが、オシム監督はむしろアンバランスをテーマにしていて、その点で異端なのだ。

守備は基本的にマンツーマン、これだけですでに異例だ。マンツーマンの守備など、2004年のユーロで優勝したギリシャぐらいしかやっていなかった。ドイツ人、オットー・レーハーゲル監督の率いたギリシャはリベロを置いてマンツーマンで守り倒すイタリア人真っ青の超守備的サッカーだったのだが、オシム監督の場合は同じマンツーマンでも非常に攻撃的という点で変わっている。ゾーンディフェンスは本来、相手を前進させないための機能を持つ。ラインを形成して、その手前までは相手を呼び込む。相手がゾーンの守備ブロックに入ってきたら迎撃するというのがもともとのやり方だった。やがて世界標準となったミランのゾーンディフェンスが画期的だったのは、守備ブロック自体を可能なかぎり前方へ押し出したことだ。ディフェンスラインのラインコントロールによってコンパクトな守備ブロックを前方に設定し、それによって守備の圧力を強めた。従来のゾーンディフェンスにプレッシングを加えたわけだ。オシム監督が就任した06年時点では、ミラン方式のゾーンプレスもディフェンスラインの位置が当初よりかなり低めになっている。ラインをペナルティーエリアの外に設定するケースも多く、敵陣でのプレッシングが自陣でのプレッシングに変化していた。それに比べると、マンツーマンのほうがむしろ敵陣でのプレッシングという点では強度がある。相手を捕まえきった時点で自然にプレッシャーはかかるので、早く捕まえきってしまえばプレスの強度はゾーンより強烈なのだ。より攻撃的な守備といえる。

しかし、マンツーマンの守備はオシム戦術の本質ではない。同じマンツーマンでもギリシャと違うのは、ボールを奪った後にマークについていた相手を置き去りにして攻撃に転ずるところである。

「リスクを冒せ」

オシム監督はそう言い続けた。相手を置き去りにして攻撃に出れば数的優位を作れる。しかし、その後に早いタイミングでボールを奪い返されてしまうと今度は置き去りにしてきた相手がフリーになってしまう。攻撃に出るべきか自重すべきか、そこには的確な判断が必要だ。だからオシムは「リスクはコントロールされていなければならない」とも話している。しかしだからといってリスクを冒すなとは決して言わなかった。あくまでリスクは取れ、なのだ。これが守備のリスクを軽減するためのバランス感覚を要求する多くの監督や戦術とは一線を画していて、そこが特殊であり異端だった。

サッカーはバランスのゲームともいえる。1点先行したチームは畳みかけて2点目を狙いにいくこともあるが、2—0になったら普通はペースダウンする。相手は早く1点を返したいので攻めてくる、つまり守備のバランスを崩しても前へ出てくる。そうすると、リードしているチームはカウンターアタックができるのでむしろ引いて構えているほうが点を取りやすくなる。バランスを崩したほうが不利なのだ。また、力関係で不利なチームは守備を固めてカウンターを狙うのが定石である。ところが、オシム監督のリスクを冒すスタイルは自らバランスを崩す。そして相手もそれに巻き込もうとする。

例えばリードされているほうのチームが残り時間わずかとなって総攻撃を仕掛けてくることがあるが、そうなるとリードしているほうもカウンターが容易なので、ロスタイムの数分間など壮絶な攻め合いになることがよく起こる。90分間の決定機の数よりも、ロスタイムでの数分間の決定機が上回ることもある。オシムの戦術は、試合開始からいわばそのロスタイム状態へ引きずり込もうとするものだ。マンツーマンでプレスし、ボールを奪ったら相手を置き去りにして攻撃する。それは相手からも危険なカウンターを食らうリスクが生じるわけだが、監督はリスク上等なのだ。バランスではなくアンバランス、強制的に試合を動かしにかかるわけだ。そのアンバランスの中でアドバンテージを得ようとするのが大雑把にいえばオシム監督のスタイルだった。

ここまでリスキーな戦法を採る監督はなかなかいない。オシム自身はリスクをコントロールさせる自信があるのだろうが、リスクがなくなるわけではない。ただ、このサッカーは日本のような国がのし上がっていくには向いている戦い方だったかもしれない。

格上の相手に対しては守備を固めてカウンターを狙うのが定石である。それで勝てる試合もあるのがサッカーでもある。しかし長期的な視野で見れば、弱者のサッカーを続けるだけでは格上に勝つ確率はほとんど変わらないままになってしまう。一方、オシム流は格上に強いという特徴があった。我慢して少ないチャンスに賭けるのではなく、相手を自分たちのペースに引きずり込むやり方なので、ときには格上に大勝することすら起こる。オシムが過去に率いてきたチームは必ずしも強豪ではなく、旧ユーゴスラビアのゼレズニチェルやオーストリアのグラーツは中堅レベルのクラブだった。Ｊリーグのジェフ市原もそう。そしてどのチームでも格上を食う試合を実現してきた。ＦＩＦＡランキングで30～50位の日本が上昇していくには格上のチームを食っていかなければならない。その点で、オシム監督のサッカーは日本の野心に合っていたといえる。

２００７年のアジアカップはオシム監督下で唯一のメジャートーナメントとなった。同年12月に脳梗塞を発症し、短期的な回復が困難と判断した日本協会は岡田武史新監督を招聘したからだ。アジアカップでは準決勝でサウジアラビアに敗れ、３位決定戦でもＰＫ戦の末に韓国に負けて4位だった。00年、04年と連覇していたアジア王者を手放している。

このアジアカップでの日本の戦い方は、それまでのオシム監督の戦術とはやや変化していた。徹底したマンツーマンからゾーンに変化し、反転速攻よりもボール保持を重視している。中村俊輔、遠藤保仁、中村憲剛のプレーメーカー3人を同時起用したことにもボール保持と創造力の重視が表れている。日本はすべての試合でボールを圧倒的に支配した。ただ、例えばワールドカップ本大会でもこのスタイルをやるつもりだったかといえば疑問が残る。アジアカップは日本が格上の立場での試合が続く。予め相手が引いてしまうことがほとんどなので、あのような戦い方を選択したのだろう。東南アジアの共催（タイ、インドネシア、マレーシア、ベトナム）による厳しい暑さという条件を考慮して走力重視のサッカーは不利という判断もあったかもしれない。

実際、アジアカップ後の親善試合ではプレーメーカー3人の先発併用をしていない。ちなみにアジアカップ後から退任するまでの4試合は無敗、カメルーン（2―0）、オーストリア（0―0）、スイス（4―3）、エジプト（4―1）。無得点はオーストリア戦だけで、最後の2試合に4得点しているのが目を引く。対戦相手や試合の性格に合わせてメンバーを微調整するのは得意だったので、アジアカップのチームをベースにしながらもそのままということはなかったのではないか。

オシム監督は選手の能力を引き出すのも上手かった。多色ビブスの使用や少し複雑なルールのトレーニングなど、選手に刺激を与えて練習をマンネリ化させない。ジェフ市原のときも同じ練習を続けるということはしなかった。練習の狙いが同じでも、必ずやり方を変える。このあたりは監督によって考え方が違っていて、意図が同じならやり方を変える必要はないという人もいる。その都度ルールが違うのは選手も煩わしいからだ。おそらくオシム監督はわざと選手を混乱させていた。混乱の中で、的確に判断していく力を養おうとしていたと考えられる。試合をある意味カオス化させ、その中でアドバンテージを得ようとするオシムのスタイルにとって判断力は最重要ポイントだからだ。よく「走れ」と走力を強調していたが、同時に「考えろ」と言っていた。走ることで相手を自分たちのスタイルに引きずり込み、考えることで優位性を出そうとしていた。

選手の脳を刺激して成長を促し、他のチームとは違った戦い方での下克上を狙う。強豪国との対峙の構図そのものを変化させようという野心的な試みが「日本化」なのかどうかはともかく、オシム監督の色は出ていたと思う。

岡田武史　日本化を捨てて結果を出す

日本の名監督の1人である。ところが、個人的にどうにも腑に落ちないところがあった。岡田監督の何に納得できないのか、しばらく自分でもよくわからなかったのだが、そういうことかと気づいたのが2010年南アフリカワールドカップの後だ。

よくいわれる南アフリカでの戦術的な変更自体はどうとは思わない。韓国との壮行試合のとき、すでに当初の構想は実現不可能だと思っていたからだ。もう次善の策を講じなければならないのは明白だった。ちょうどそのころ、サッカー専門誌の座談会で岡田監督を解任すべきかどうかという話題になり、私は「解任したほうがいい」と言った。岡田監督と親しい記者の話では、「岡田さんは絶対に変節しない」ということだったからだ。つまり、もう無理であることがわかっている戦術に固執したままワールドカップで玉砕する覚悟だというので、「だったら代えたほうがいい」という意見を言った。だから戦術変更に関しては何の問題もないのだが、だったらそれまでさんざん言ってきたことは一体何だったのかと。懇意の記者にすら不退転の決意を語っていたというから、君子豹変ということなのか。

オシム前監督の後任として急遽、日本代表監督に就任。98年ワールドカップ予選で加茂監督が更迭されたときにコーチから昇格したのに続き、2度目の就任も突然の指名だった。当初、協会は「オシムサッカーの継承」を後任監督の条件に上げている。オシムと岡田にはほとんど接点もなく、すでに代表監督経験がありJリーグで実績を積んでいた岡田監督にオシムの路線を継承しろというのは少し失礼な話に思えるが、それだけオシムの影響力が大きかったということかもしれない。

予選のバーレーン戦に負けた後、「これからは俺のやり方でやる」という趣旨の俺流宣言をしてオシムの継承という呪縛を解いたという話になっているが、この敗れたバーレーン戦はすでにオシム流より岡田流だったと思うし、それ以前もオシム流ではない。就任当初の戦術的な特徴はオシム流でも岡田流でもなく、いわば大木流だった。大木武コーチの影響が大きかった。大木流は「クローズ」と呼ばれた、フィールドの片側に選手が密集して攻守を行うのが特徴で、第二次岡田ジャパンの初期はまさに大木流だったのだ。

ただ、岡田監督が日本オリジナルを指向していたのは間違いない。世界標準を目指すのではなく、日本の特徴を生かし武器を磨いて強豪国に対抗する。岡田監督が掲げていた「ベスト4」は世界標準ぐらいではとうてい無理な目標なのだ。その点ではオシム前監督の「日本化」を継承していて、ジーコ監督以来の流れにあった。

岡田監督は「日本化」と「ベスト4」の構想について、さまざまな表現や巧みな例え話も交えつつ発信し続けていた。ラグビーの「接近・展開・連続」という用語、「ハエがたかるような」といったどうかと思うものもあったが、わかりやすくキャッチーな言葉で注目を集めている。インパクトと説得力があり、オシム語録ならぬ岡田語録といえるような名言も残している。ただ、人生哲学のようなものはともかくとして、ことサッカーについては筆者にはピンとこないもののほうが多かったと記憶している。言っていることは面白いし、もっともだと思うのだが、「深み」がないのだ。

前任者と比べてはいけないのだろうが、オシム監督の言葉には深みがあった。それは人生経験とかパーソナリティーではなく、たんにその言葉の背景にある年期の差だったのではないかと思う。

オシムの後任として岡田が指名されたのは突然の出来事だった。急病による退任なので規定路線ではない。岡田はJリーグの監督を退任してフリーだったので、それまでの実績を考えれば当然候補の1人である。ただ、本人はまったく予期していなかったようだ。そのときの心境について、こう話している。

「横を見たら断崖絶壁の山があって、チャレンジしなければいけないと思った」

横浜Fマリノスの監督を退任してからもJクラブからオファーはあったが、断っていたという。「同じ山」に再び登る気がなかった。ところが目の前に急に「断崖絶壁」が現れ、そうしたらそこを登ってやろうという気になった。岡田はチャレンジャーなのだ。いきなり断崖絶壁に登ろうとは普通は思わない。しかしチャレンジャーは予期しない事態こそが好物なので迷わず挑戦する。それはその人の性分なのでいいとして、チャレンジャーは新しいことに挑戦するので未知なるものを探求していくことになる。

岡田監督の場合は、「日本化」というテーマに取り組むことになったわけだが、それは新たな取り組みだから当然あまり深みはない。オシムは「日本化」と言いながらも、実際にやっていたのは「オシム化」だった。長年積み上げてきた考え方、手法に立脚している。岡田監督の言葉には挑戦の気概が溢れていたものの、どうなるかわからないがやってみるという底の浅さが透けて見えていた。オシム監督も先が見えているわけではなかったと思うがそれでも手慣れた道筋ではあった。こう言っては失礼だが、岡田監督は新しいものに飛びついてしまうところがある。大木コーチの特異な戦術を採り入れたのもそうだし、代表監督退任後に中国のクラブを率いたり、今治FCのオーナーになったのも、チャレンジャー気質の表れではないだろうか。熟考型にみえて飛躍する、それが魅力でもあるわけだが、代表監督としての言説にどこか上滑り感を覚えたのは岡田監督自身がチャレンジの真っ最中に発した言葉だったからかもしれない。

「オシムさんのサッカーはオシムさん以外できない。ただ、日本人のコンセプトという意味では誰がやっても変わらないと思います」

岡田監督は就任会見でそう話している。

「コンセプトは変わりません。人もボールも動くサッカーというもの。できるだけコンタクトを避けた状態で攻撃を仕掛けていく。守備では待っているのではなく、こちらから行くというスタイルです」

岡田監督の「日本化」は、何も突飛なことをやろうとしていたわけではない。ただ、日本人の長所短所を明確に意識して、これまで以上に「日本化」を先鋭化させていった。ジーコの日本化はある意味ブラジルサッカーの常識をベースに組み立てられていったブラジル化で、オシムがオシム化だったのに対して、岡田の日本化は本気の日本化だったといえるかもしれない。岡田監督は日本の「岡田化」はしなかったのだ。コンサドーレ札幌や横浜Fマリノスのサッカーを持ち込もうとはしなかった。最終的には南アフリカで岡田化が成されることになるのだが、それまでは自身にとっても新たな課題に全力で取り組んでいった。

俺流宣言後の強化は順調だった。遠藤保仁と長谷部誠のボランチコンビは次のザッケローニ監督時代にも受け継がれることになる鉄板。中村俊輔は右サイドを起点に攻撃をオーガナイズする中枢となる。大柄のCFが好みだったオシム監督と違い、岡田監督はFWに速い選手を重用した。スタイルは次のザッケローニ監督期に近く、ボールを支配して押し込み、奪われたら直ちに前線からのハイプレスを行う。日本人のパスワークの良さ、スプリント能力、運動量を生かし、パワーやコンタクトの弱さを表面化させない戦い方だ。09年9月にエンスヘーデ（オランダ）で行われた親善試合オランダ戦、60分までは日本のペースで進んでいる。ただ、ハイプレスが息切れするとオランダにひっくり返されて0—3と敗れた。

「90分間もたないのはわかっていたが、90分間やれないと勝ち目はないと感じている」

試合後の岡田監督のコメントは、それまでの強化の順調さと同時にそこからの壁の厚さを表していた。ペースダウンを余儀なくされる30分間をどう縮めるか、あるいはいかに誤魔化すか。ワードカップまでの課題はわりと明確だったと思う。この時点での日本化された日本のサッカーは南アフリカワールドカップにぶつけてみる価値は十分あった。

ところが、年が明けてワールドカップイヤーになると東アジア選手権を含めて4連敗を喫してしまうのだ。だいたい年明けの日本代表はコンディションが悪い。ハイテンポのスタイルで運動量を欠いたのは致命的だった。中心選手の中村俊と遠藤がコンディションを崩すと、ボールポゼッションさえままならなくなっていた。コンディションの回復とともにチームも上向きになるだろうと期待されたが、国内最後の韓国戦にも完敗を喫してしまう。

岡田監督は中村俊を外して阿部勇樹を起用し、プレースタイルを一気に守備寄りに変えた。大会直前になって卓袱台をひっくり返すように、それまで積み上げてきたスタイルを御破算にしたわけだ。実際にはすべてをやり直したわけではないが、取り組んできた日本化したサッカーを世界に問うという挑戦はこの時点で終了したといっていい。もちろんワールドカップへの挑戦はこれからだったので、それまで積み上げてきたものとは違う形での戦いになった。

もともと岡田監督はいわば「撤退戦」の名手だった。横浜Fマリノスでは理想を掲げた後に勝てなくなって元の現実的な戦い方に戻してから良くなった。J2の札幌時代もJ2の現実に合わせて昇格。チャレンジャーでありながら、そのチャレンジに成功したことはなく、見切りをつけてからのほうが強いタイプだった。簡単にいえば、守備的な戦い方に手腕を発揮する監督なのだ。日本代表でも攻撃型のチーム作りを進めて軌道に乗せたようにみえたが、結局は守備的な戦法に舵を切った。

良くいえば機をみるに敏、悪くいえば諦めが早い。南アフリカワールドカップについていえば諦めたのは正解である。ただ、もしオシムやジーコやトルシエだったら、どうだっただろうか。確たることはいえないにしても、それまで進めてきたスタイルを捨てることはなかったと思う。例えば、最後まで中村俊輔の回復を待ったのではないだろうか。あるいは他の方法でスタイルを大きく変えることなく軌道修正を図ったのではないか。自らのスタイルを長年積み上げてきた者と、新しいチャレンジとして始めた者では執着の違いがあるのではないか。岡田監督は最後に勝つ確率が少しでも高いほうへ賭けた、そしてそれは実を結んだ。見方を変えれば、岡田監督にとってサッカーのスタイルとはあくまでも勝つための手段であり、違う言い方をすればその重さだから捨てることができたのではないかと思う。

世界に問う前に日本化したスタイルは崩れてしまった。もはやそれを問う価値はなくなっていた。ただ、結果にかかわらず貫徹できなかったところに日本が確固としたスタイルを構築できない理由もあるのかもしれない。日本化を進めていたころの岡田監督の意気込みになぜ微妙な違和感があったのか、ワールドカップのときにようやく納得できた気がした。

アルベルト・ザッケローニ　日本化の流れの集大成

ジーコ監督から始まった「日本化」の流れの集大成がザッケローニ監督のチームだった。いや、集大成になってしまったといったほうが適切かもしれない。ブラジルワールドカップでのグループリーグ敗退によって日本化は完全に腰折れしてしまったのだ。大会の総括はしても、それが次のチームにどう生かされるかは新監督次第というのは、日本サッカー協会の常なので今さらどうという感想はない。短期で退任となったハビエル・アギーレ監督からヴァイッド・

ハリルホジッチ監督に引き継がれると、大きく路線は変更されることになった。とりあえず、ジーコ監督時から続いていた日本化の流れはここで途切れた。

日本代表史上でも最強の力を示しながら、ブラジルワールドカップでグループリーグ突破に失敗したことでザッケローニ監督と彼のチームは評価を下げてしまった。最も注目される本大会で期待に応えられなかったのだから評価が不当だとはいえない。ただ、ザッケローニに限らず歴代代表監督に与えられた第一の任務はワールドカップ・アジア予選を突破することだった。本大会でどれだけの戦績を収められるかは確かに重要ではあるけれども、ベスト16に到達できなければ失敗というわけではない。そこまで日本の実力は高くないしワールドカップは甘くない。

ところが、ザッケローニ監督のチームには期待のインフレーションが起きていた。期待値が実体以上に膨らんでしまったせいで、期待以下の結果に終わったときに大きな失望に取って代わることになった。

選手たちの発言がベスト16はおろか優勝を狙うというところまで飛躍してしまい、世間もそれに引っ張られて期待のインフレーションが起きていたのだ。選手たちの自己評価が高すぎたということもあるかもしれないが、そもそも負けるつもりで大会に参加する選手はいない。負けるつもりがない以上、目標は必然的に優勝になる。選手個々の覚悟としてはそれで問題ないのだが、それを公言してしまったのは軽率だったかもしれないし、違う意味を持ってしまった。

ザッケローニ監督は優勝どころかベスト16さえ目標とは言っていなかったと記憶している。優勝やベスト4は現実的ではないし、監督がそれを口にすれば公約になってしまうことを知っていたからだろう。余計なプレッシャーを背負い込む必要はない。オシム監督もアジアカップのときに「3連覇」という言葉が記者会見で質問者から出たときに、顔色を変えて「大変危険な発言だ」と答えていた。

本田圭佑を筆頭とする選手たちがワールドカップを甘くみていたとは思わない。サッカーをよく知っているファンも選手の意気込みとして受け止めていただろう。しかし、ワールドカップは一大イベントであり、サッカーにそれほど詳しくない人々も関心を持つ。期待は膨らみすぎてしまい、それが弾けてしまったときの反動もまた大きくなった。

Jリーグがスタートした初期のころ、目標を聞かれた各チームの監督は軒並み「優勝」と答えていたものだ。「現実的でない」として優勝を掲げなかったのはジュビロ磐田のオフト監督ぐらい。今なら、テレビ局の用意したフリップにほぼ全チームの監督が「優勝」と書くことなどないだろう。「降格阻止」と書く人がいても何の不思議もない。願望と現実との距離感をそれだけ正確につかめるようになっている。日本はワールドカップに5大会連続出場したとはいえ、サッカー界でアジアは世界の辺境にすぎない。ワールドカップとの距離感をまだ計れていなかった。

ザッケローニ監督の率いた日本は、優勝はともかくベスト16は期待していいチームだった。それだけにやはり失望はあり、監督は一気に評価を下げ、日本代表の戦い方にも疑問符がつけられた。日本化という流れの集大成は失敗の烙印が押されたといっていい。

しかし一方で、評価が下ブレしすぎているとも感じている。

ワールドカップ本大会こそ期待以下の成績に終わり、失敗といっていいと思うが、そこまでの過程はほぼパーフェクトだった。完璧なチームだったという意味ではなく、ザッケローニ監督の雇い主である協会の要請にほぼ完璧に応えていたということだ。任務であるワールドカップ・アジア予選は危なげなく通過。アジアカップにも優勝した。日本独自のスタイルの構築という点でもある程度の成果をみせていた。攻撃力をプラスしたいという意向にも沿っている。

岡田監督の率いた南アフリカワールドカップは事前の期待が最低だった。期待値のインフレなど起こりようもない。しかし、終わってみれば2勝1分1敗のベスト16。パラグアイに敗れた決勝ラウンドの試合もPK戦による敗退である。世間的には大会前の低評価の反動で、手のひら返しともいわれる称賛が起きている。だが、サッカー界のコアな部分では実はさほど高い評価は得ていなかった。ベスト16という結果には満足でも、日本のプレーぶりに将来性がないと考える人のほうが多かったのだ。そうした批判が表に出ることは少なかったかもしれないが、さまざまな指導者や関係者の間ではそれが共通の見解だったし、当の選手たちですらそうだった。

トルシエ監督の02年に続くベスト16は日本サッカーの快挙である。けれども、選手も含めて、もっとやれたのではないかという思いは02年後と同じように10年の後にもくすぶっていた。ザッケローニ監督は、いわば挫折した岡田監督の日本化の流れを受け継いで、今度は本大会に成果を問うところまでは持っていった。その点では前進したといえる。そこは評価すべきなのだ。ところが、ブラジル大会で1勝もせずに敗退したことで日本化という方針そのものが揺らいでしまった。

期待の反動とはいえ失望しすぎだったと思う。ブレすぎなのだ。

日本化さえできればベスト16やベスト8に到達できると考えていたとしたら、それは現実との距離感を見誤っている。例えば、ボールポゼッションができれば自然に得点が入ると思う勘違いと似ているかもしれない。ポゼッションは得点への過程にすぎず、相手の守備を崩す力や決定力そのものがなければ、いくらボールを支配しても得点には至らない。だから、逆にポゼッションが高いのに点が入らなくてもポゼッションが悪いわけではない。しかしその関係性を見誤ってしまうと、ポゼッションが悪いと判断してポゼッションそのものをやめてしまうケースがけっこう見受けられる。

同じように日本らしいサッカーができたからといって自動的にワールドカップで勝てるはずがないのだ。そして、ワールドカップで勝てなかったからといって、それは日本化のせいではない。坊主憎けりゃ袈裟まで憎いではないが、ザッケローニのチームはなまじある程度の日本化に成功したせいで、日本化そのものが否定される流れになってしまったのではないか。

誤解を避けるために筆者の見解を記しておくと、「日本化」など気にする必要はないと思っている。日本人で構成される代表チームである以上、必然的に日本化はされるからだ。選手の長所短所を鑑みてチームの強化を図るのは基本なので、監督によって多少の差異はあってものみち日本化には行き着く。その際、日本の長所だけでなく短所が問題になる。つまり、「ない」ものをどう隠すかというのが日本化の前提になる。高さがない、フィジカルの強さがない、世界トップクラスのFWがいないなど、「ない」を前提とした日本化だ。それが日本化ならワールドカップで優勝するのは無理である。どんな強豪国にも長所短所はあるが、「ない」を前提にしているようでは優勝を狙うことはできない。世界最高ではないがフィジカルもある、決定力もそれなりにある、要所には高さもある、そのうえに日本の強烈なストロングポイントがある、という具合でなければワールドカップを勝ち抜いていくことはできない。日本の得意な戦い方、日本のスタイルは必要だが、日本化よりも現状の日本を超えていくことが長期的な目標であるはずだ。

話を戻す。ザッケローニ監督が日本化にある程度成功したのは、それまでの監督とはアプローチが違っていたことにも関係があるかもしれない。

ザッケローニ以前の監督と選手は、いってしまえば先生と生徒のようなもので監督が選手にサッカーを教えるという関係だった。オフトからトルシエまでがそうだったし、ジーコは違うけれども、むしろあれは例外で「監督」ではなかった。オシムも岡田も基本的な関係は上意下達である。ザッケローニ監督が違っていたのは、すでにある日本サッカーと選手たちを尊重していたことだ。自分のサッカーを選手に授けるのではなく、すでにそこにある日本のサッカーを伸ばしていく方針を採っている。その点では初の代表監督だった。

今あるサッカーと選手たちを尊重するという点ではジーコ監督がそうだったが、ジーコが想定していたのはおそらくブラジルのサッカーである。日本がブラジルのレベルにないことは承知していたに違いないし、ブラジルのスタイルを押しつけようともしていないのだが、ジーコ監督のサッカー観はあまりにもブラジル的だった。それぞれの監督は手持ちの選手たちに寄り添いながらもオフトはオフトの（オランダの）サッカーであり、トルシエは「フラット・スリー」だった。加茂は世界標準化しつつあったプレッシングを採り入れようとしていた。いずれも日本にはないものを植え付けようとしていた。ところがザッケローニはそうではなく、すでにあるものをベースにしたのが前任者たちとの違いだ。

ザッケローニ監督がコアメンバーとして起用したのは岡田前監督時代の選手たちで、しかも在任4年間でほとんど入れ替わらなかった。フォーメーションも4―2―3―1を継承した。

南アフリカワールドカップの日本は4―5―1だったが、それ以前は4―2―3―1である。また、ザッケローニ就任前の親善試合2試合の指揮を執った原博実暫定監督のフォーメーションが4―2―3―1だった。つまり、ザッケローニ監督はメンバーもフォーメーションもほぼそっくり受け継いでいる。これまで監督が代われば、選手も戦術も変わるのが常だったのに、ザッケローニ監督は表面上何も変えなかった。

では、ザッケローニ監督が自らの色をまったく出さなかったのかというとそうではない。むしろ攻守ともに自分のやり方をはっきり提示していた。守備時の体の向きなどは、一般的なものとは逆だったりしたのだが、ザッケローニ式に統一している。ビルドアップや崩し方にも明確なパターンがあった。そこはジーコ監督とはまったく違っていて、指導方法はトルシエ監督に近い。ただ、ザッケローニは自分の提示したものを使うかどうかの最終判断は選手に任せていた。そこはトルシエ監督と違っている。つまり、ザッケローニ監督は選手たちの先生ではなく、プロ監督としてプロ選手と対等というスタンスをとった。監督としてアイデアは出す、メンバーも決める、しかし選手がフィールド上で下す判断は尊重する。選手側から提案があれば話し合うし採り入れもする。日本代表史上初の、監督と選手による本格的な共同作業だったといえるかもしれない。

ザッケローニ監督の経歴とも関係があるのだろう。その名を高めたのはウディネーゼだが、その後はミラン、インテル、ユベントスとイタリアのビッグクラブを歴任した。スター選手たちを束ねてきたわけだ。ザッケローニ以前の監督たちにはないキャリアである。実績もプライドもある選手たちを率いるのに独善的なやり方は通用しない。互いにプロとしてビジネスライクな関係が必要だったはずだ。ザッケローニは代表チームを率いたことはなかったが、日本ははじめて代表監督らしい人物を迎えたといえる。

こういう監督だったから「自分たちのサッカー」が作られていった。14年以降は、揶揄されるようになった「自分たちのサッカー」だが、監督から押しつけられるものに従うのではなく、自分たちのアイデアで試行錯誤を繰り返していく作業は選手たちにとって非常に手応えのあるものだったはずだ。何か失敗しても、それを自分たちの手で修正していけばいい。積み上げのできる方式である。

ザッケローニ監督とともに日本代表の日本化は順調だった。

監督の十八番は3―4―3システムで、在任中に何度も導入を試みている。しかし、最終的には断念した。自分のやり方を押しつけなかった。むしろコアメンバーの意向を汲み取ってチームを作っている。アジアカップでは「アジアのバルセロナ」と称賛されたパスワークを生かしたスタイルで優勝。コンフェデレーションズカップはブラジル、イタリア、メキシコに敗れたが、ブラジル戦を除けば日本スタイルで互角の試合ができていた。その後の強化試合でもオランダに引き分け、ベルギーに勝つなど成果を示している。ただ、日本化には明確な弱点もあった。

日本のパスワークは強豪国に対しても遜色がなかった。かつてオフト監督のときにアジアでの立場が一変したように、強豪国を相手にしても日本はボールを支配できるようになっていた。ただし、ポゼッションに比例して得点力が上がったわけではない。ザッケローニ監督期は珍しく得点不足に陥っていないのだが、崩しきれない試合もいくつかあった。しかしそれ以上に致命的だったのはカウンターアタックに対する防御力の弱さだ。これは岡田監督の日本化でも同じで、田中マルクス闘莉王と中澤佑二のセンターバックコンビは代表史上最強クラスだが速攻には弱かった。ブラジルワールドカップの吉田麻也、森重真人（あるいは今野泰幸）も同様で、カウンターを阻止する点で力不足だった。

強豪国が本気で守れば、どんなチームでも簡単に点は取れない。日本が苦労したのも無理のない話で、それでも1点ぐらいは奪える力は持っていた。ところが強豪相手には毎度のごとく大量失点していたのだ。ブラジルには2度対戦して0―4、0―3。イタリアにも3点、ウルグアイに4点。これではポゼッションで互角以上、1、2点奪えるとしても収支が合わない。結局、ザッケローニ監督時代の日本化は成功していたとはいえ、「ある程度」であって全体の整合性は欠いていた。

このチームを前進させるには、第一に被カウンター時の守備力を大幅に上げること。第二にあと少し得点力を上げること。主にこの2点だった。長所であるポゼッションを圧倒的なまでに向上させれば、スペインのように相手の攻撃機会を減らすこともできたかもしれない。しかし、ザッケローニ退任後はまた別の方向を模索することになった。せっかくあそこまでやったのに、もったいないないと思う。期待の反動なのか、そもそも日本化とはどういうことで現在はどの程度の進行状況なのかをまるで把握できていないのか、ともあれ日本化の流れはいったん御破算ということになっているようだ。

ブラジル大会でコンディショニングに失敗せず、運良くグループリーグを突破していれば、もしかすると稀代の名将と称えられていたかもしれないアルベルト・ザッケローニは日本化とともに封印されて省みられない。まるでフタでもするかのように。本当は見たくないものこそ直視するべきだ。フタをして、なかったことにして、さあ明日があるというのも悪くないが、それでは同じ間違いを何度でも繰り返すことになるのだ。

ハビエル・アギーレ　積み上げの最中で

在任期間が短くてよくわからないうちに解任されてしまったが、選手の評判は非常に高かった。トルシエからの歴代監督を知る遠藤保仁が最大級の称賛をしているので、人それぞれの部分はあるにしても相当優秀な人だったとは思われる。

アギーレ監督が解任されたのは２０１５年アジアカップ終了後だった。ベスト8で敗退した責任をとらされたわけではなく、スペインで持ち上がっていたリーガ・エスパニョーラの買収試合問題が原因である。２０１１年に指揮を執っていたサラゴサに不正疑惑があり、14年9月に告発されて15年1月末に告発状が受理された。これをもって日本協会はアギーレ監督の解任を決めている。告発が受理されたといっても裁判で判決が出るのは先の話で、告発受理の時点ではもちろん有罪ではない。だが、協会としてはワールドカップ予選の最中に監督を交代しなければならないリスクは避けたいということで解任に踏み切った。

メディアでは「八百長」と書かれていたが、サラゴサのケースは金をもらってわざと負けたわけではない。ただ、クラブから監督と選手の銀行口座への送金に怪しい点があり（振り込んでおいてすぐに戻した）、その金が不正に使用されていたのではないかという疑惑である。告発受理後の展開は予測が難しく、事情聴取や裁判などで代表監督の仕事にどのぐらい影響が出るかもよくわからなかった。万が一、ワールドカップ予選中に有罪判決が出てアギーレ監督が活動停止処分にでもなれば大事になると協会は判断したわけだ。

ただ、それよりも「八百長」という体裁の悪さが決定的だったのではないか。何かあるごとに「八百長」と書かれかねない、むしろ裁判などいつ始まっていつ終わるかもわからないから在任期間中はずっと「八百長」の文字がちらつく可能性もある。法の下では推定無罪が原則のはずだが、そんな話が通りそうもないのは日本の社会で暮らしていれば実感としてわかる。アギーレは潔白を主張しており、協会側もそれを疑うわけではなかったのだが、世間体の悪さと戦い続ける覚悟まではなかったのだと思う。

スペインも、それまでは優勝や降格に絡む買収などは半ば公然の秘密であり、シーズン終盤における一種の風物詩的な扱いだったのに、急に張り切って取締始めた印象が強かった。アギーレ監督のケースはいろいろと間が悪かったとしかいいようがない。まあ、不正疑惑はすでにあったのだから協会の身辺調査不足を問われても仕方ないところではあるが。

アギーレ監督はザッケローニ前監督の遺産を上手く活用していたように思う。

ブラジルワールドカップの惨敗をうけ、日本化などという人はいなくなり、「自分たちのサッカー」など、なかったことにしたいようなムードが漂っていたのだが、後任になったアギーレ監督は前監督の残したものを破棄するようなまねはしなかった。これは幸運だったと思う。

協会の技術委員会が長期的な展望を示したことはなく、日本はどういうプレーをすべきか定義したこともない。終了した大会を分析し、弱点を洗い出し、多少の示唆はするけれども、将来を睨んで日本はこうプレーすべきだと断言したことがないのだ。本来、長期的な視野に立って強化を進めるはずの技術委員会なのだが、そのリーダーシップを発揮したことがないのは、リーダーシップを発揮すると当然責任を伴うからだろう。実質的にそれだけの権限もないのかもしれない。日本代表の行く先はそのときの代表監督が決めていた。だから、もし代表監督が協会の方針と真逆のことをやり始めたとしても、それが技術委員会によって追認される可能性は大きい。当時の雰囲気からすれば、日本化の全否定とプレースタイルの変更が行われても不思議ではなかったのだが、アギーレ監督は賢明にもそうはしなかった。前任者の残したスタイルを継承しつつ、弱点を補完しようとしていたようにみえた。

オシム監督が就任したときに「古い井戸にも水が残っているかもしれない」と語っていたが、アギーレ監督は就任直後からの4試合では新しい選手を起用して「新しい井戸」を掘っている。フォーメーションも4—3—3に変えているし、この初期段階だけをみるとザッケローニ前監督との共通項はあまり見いだせないかもしれない。ところが、アジアカップ前の2つの強化試合に向けて、遠藤保仁など前監督時代の選手を呼び戻した。すると、途端にスムーズな連係が復活してホンジュラスに6—0、アジアカップに優勝することになるオーストラリアも2—1で一蹴した。公式戦（アジアカップ）と親善試合を分けて考えていたのだろう。親善試合では多くの選手をテストして選手層を広げていたが、アジアカップの準備には2試合が必要だと考えていたに違いない。そのタイミングでメンバーを公式戦仕様に切り替えたわけだ。その2試合の前にはシンガポールで行われたブラジル戦があったのだが、若手のテストにあてている。

ブラジルに対して失礼だという批判もあったが、アギーレ監督にとっては選手層拡大に使えるアジアカップ前の最後の試合なので譲れなかったのだろう。

この強化プランの立て方は代表監督経験者らしいと思った。ザッケローニ監督は強豪クラブを率いたことはあっても代表監督の経験はなかった。メンバーを固定して熟成を図った前監督とは対照的に、アギーレ監督はメンバーの拡充から始めている。代表チームとクラブチームの違いはいろいろあるが、使える選手の幅が広いのは代表の特徴だ。ワールドカップは23人の編成になるが、30人ぐらいから絞り込んでの23人であり、それ以前には60人ぐらいの候補を考えておくのが代表の強化としては一般的なのだ。

4年間のうちにピークを越えて下降線に入る選手、負傷に見舞われる選手もいる一方で、急速に力をつけていく選手もいる。だからメンバーを固定化してしまうより、選手層を広げておいたほうが強化プランとしては手堅い。多くの選手を起用する以上、チームとしてどうプレーするかは明確にしておかなければならない。しかし、それを固定メンバーでやってしまうと新しい選手が入り込みにくくなるので、あまり作り込みすぎないようにする。アギーレ監督は最初の4試合で方向性を示しながら選手層を広げていたが、アジアカップでは結果を残さなければばならないのでその時点での最強チームを編成した。大会後は再び選手層の拡大に努めたのではないか。

勝ちに行ったアジアカップはグループリーグを3連勝で突破、優勝した4年前でもグループリーグではチームが出来上がっておらず苦戦している。過去のどの大会と比べても上出来といえるスタートだった。ところが、準々決勝のUAE戦でまさかのPK戦負け。シュート35本を放ちながら1—1という決定力の低さが敗因である。ただ、アジアカップの日本は優勝できる力は持っていた。ザッケローニ時代のパスワークに速攻を加え、自陣でのリスキーなビルドアップも安全第一に変えた。マイナーチェンジではあるが、着実に積み上げを図っていた。カウンターに対する守備の弱さや決定力という課題が解消されたわけではないが、ベテラン監督らしい手腕は発揮していたと思う。

ヴァイッド・ハリルホジッチ　プラグマティストがもたらすもの

ハビエル・アギーレの後任には2014年ブラジルワールドカップでアルジェリアを率いて

いたヴァイッド・ハリルホジッチ監督が招聘された。ワールドカップ後に就任していたトルコのトラブゾンスポールの監督を辞めていてフリーだった。空いている監督としてはベストに近い選択だったのではないかと思う。

ハリルホジッチはボスニア・ヘルツェゴビナの国籍、旧ユーゴスラビアの代表選手という経歴はイビチャ・オシムと同じ。フランスでプレーした点も同じだが、ハリルホジッチは監督のキャリアそのものもフランスで積んでいる。その言動をみてもフランス人監督とみたほうがしっくりする感じだ。

フランスではリールを率いて注目され、パリ・サンジェルマンの監督も務めた。その後は代表監督としてコートジボワール、アルジェリアを率いる。アルジェリアではブラジルワールドカップでベルギー、韓国、ロシアと同居したグループリーグを突破、決勝ラウンド1回戦でこの大会に優勝することになるドイツと延長にもつれる接戦を演じた。緒戦のベルギー戦と次の韓国戦でスタメン5人を入れ替え、さらにドイツ戦でも5人入れ替えている。対戦相手の分析が得意で、それに合わせて作戦を立てて選手を入れ替えていた。ある意味、究極の代表監督といえるかもしれない。

アルジェリアでは試合に合わせて大胆にメンバーを変更していたが、一方でフォーメーションは4―2―3―1で一定していた。このことに代表監督らしさが表れている。つまり、選考対象となる選手の人数が多い代表においてはメンバーをあまり固定化させない。しかし、プレースタイルをその都度集めた選手に合わせていたらチームの基盤ができないからやり方は基本的に変えない。新たに加わった選手にもチームの機能性が理解しやすいようにしておく。代表チームの作り方にもいろいろあるけれども、人材を固定化せずにプレースタイルを一定にするという手法は理にかなっているのだ。日本代表ではフィリップ・トルシエ監督のときのチーム作りがこれに近かった。１９９８年ワールドカップで優勝したときのエメ・ジャケ監督もこの方式だった。ただし、ハリルホジッチ監督の場合はワールドカップ予選を勝ち抜かなければならず、その点は開催国だったトルシエやジャケとは事情が違っている。

ハリルホジッチ監督が強調したのは「勝利」である。戦術的には「デュエル」と「縦に速い攻撃」だった。

当面の予選を勝ち抜かなければならないので「勝利」を強調したのは当然なのだが、ハリルホジッチ監督は「勝ち方」にこだわりのないタイプだ。「デュエル」と「縦に速い攻撃」は日本が改善すべき項目であると同時に、ハリルホジッチ監督が好む戦い方で不可欠な要素でもあった。

2次予選は波乱のスタート、ホームでシンガポールを相手に0—0。日本は圧倒的にボールを支配して攻め込んだものの、シンガポールの厚い守備を引きはがすのに手間取り、フィニッシュの精度も欠いた。アギーレ監督のときのアジアカップ準々決勝（UAE戦）の再現だった。しかも、相手はシンガポールでホームゲームだからいっそう不甲斐ない結果といっていい。試合後のハリルホジッチ監督はかなりガッカリした様子だった。それでも実力差のある2次予選は問題なく通過、ところが3次予選（最終予選）の緒戦で今度はUAEにホームで敗れてしまう。この試合も日本が優勢に進めていたが、UAEには日本を恐れる様子もなくボールを持てば果敢に攻撃を仕掛けてきた。この予選がそれまでと違うことが明らかになっていた。日本と他国の実力差はかなり詰まってきていたのだ。

「心底がっかりしている。実力が示された。受け入れるしかない。相手のほうがリアリストだった」（ハリルホジッチ監督）

UAE戦直後の第一声に、その後の展開が明示されていた。ハリルホジッチ監督はこの試合で戦術変更を決めたと思う。伏線はシンガポール戦だが、UAEに敗れると明確に堅守速攻型に舵を切った。引かれたら点がとれない現実を2度にわたって思い知らされたのだ。そしてリアリストの監督は事実をあっさりと受け入れた。相手のほうがリアリストだったことは我慢できなかったかもしれない。違うタイプの監督だったら、ここで方針転換はなかったかもしれない。例えば、岡田武史監督もリアリストだったが長期的に日本サッカーの底上げを図るという使命感があったので、ぎりぎりまでそれまでの方針を維持しようとした。ハリルホジッチにはその点で何の迷いもないようにみえる。請け負った仕事を期間中になるべく良い成績で終えることがすべてであって、日本サッカーの将来まで責任を負う立場でもない。もともとリアリストでありプラグマティストなのだ。むしろ、ここからがハリルホジッチ監督の本領だったといえる。

タイ、イラクを破った後、アウェイのオーストラリア戦は最大限守備重視の戦い方をしている。1―1で引き分けた後、監督は「後悔のないゲーム」と言ったが、同点に追いつかれた選手たちの顔つきは後悔だらけだった。ここまではっきりと守備重視の試合をしたのは南アフリカワールドカップ以来だろう。これ以降はそこまで守備的な試合はしていないが、相手と状況に応じて攻守のバランスを微妙に調整していくさじ加減にはハリルホジッチ監督らしさが出ていたと思う。とにかく、この予選は相手の良さを消しながら丁寧に戦っていく必要があった。最後はホームのオーストラリア戦で堅守速攻の典型的なプレーぶりで予選突破を決めたのだから、いろいろと批判はあってもハリルホジッチ監督は良い仕事をしたといえる。

オシムは就任時に「日本サッカーを日本化する」と述べた。ハリルジッチは「勝利」だった。ある意味、ミもフタもない所信表明なのだが、この人は本当にそれだけなのだ。日本化も美しいサッカーも関係ない、まったく興味がないわけではないだろうが、勝てばそれを日本化だと言うだろう。

ロシアワールドカップの指揮を執るには向いている。本大会で良い結果が出るかどうかはわからないが、たとえ惨憺たる結果であってもそれは監督だけの責任ではない。日本はポット4の実力だからだ。FIFAはFIFAランキングに応じて参加国を4つのポットに分けている。日本は最弱カテゴリーのポット4だ。FIFAランキングが実力を正確に反映しているかどうかはともかく、日本が32カ国中で下位に属するのは間違いない。グループリーグを突破してベスト16に進出できれば上出来といっていいだろう。

ブラジルでアルジェリアをベスト16に導いたのはハリルホジッチ監督の手腕が大きかった。堅守をベースに相手の長所を削って互角の勝負に持ち込むのが上手いのだ。その点ではロシアで日本を率いるにはうってつけの監督かもしれない。ただ、日本はアルジェリアではない。

堅守ベースのサッカーは守備が強くなければならないのはいうまでもなく、それには組織力だけでなく1対1の守備力が必要になる。ハリルホジッチ監督が「デュエル」を強調してきたのはそのためだ。アルジェリアは屈強な選手が多かったが、日本はそこまで体格に優位性がない。むしろ「デュエル」は日本の弱点である。ここを克服できるかどうかはまずポイントになるだろう。もう1つ少し気になるのがメンタル面だ。ハリルホジッチは監督としてのキャリアのほとんどがフランス語圏である。彼自身の母語ではないとはいえ、直接言葉の通ずる環境で仕事をしてきている。通訳を挟むことでそのあたりの影響がどう出るか。ワールドカップは準備期間を合わせて1カ月間はかかる。その間に一枚岩の結束を得るか、逆にバラバラになってしまうかは成績を大きく左右する。フランス人の場合、もともと個人主義的な傾向が強いので、チームとしてまとめるときには強い圧が有効になる。ところが日本は同じ圧をかけてしまうと組織として小さくまとまりすぎてしまいかねない。日本代表にはヨーロッパのクラブでの経験を積んだ選手も何人かいるので、そこまで心配する必要はないかもしれないが、アルジェリアとはまた違った監督と選手の関係になるのではないか。

監督は皆そうなのだが、フリーランスでありハリルホジッチはとくに一匹狼だ。特定のチームを長期間率いたこともなく、特別な関係性やしがらみを持っていない。オファーを受けて仕事をやり遂げ、また次のチームへ移っていく。ロシアでどういう結果が出ても、その後の日本サッカーへの影響はそれほどない気がする。

日本サッカー協会が日本代表の長期的な強化方針を明示したことはなく、そのときどきの監督の意向に左右されてきた感が強い。代表監督が「勝つためにこうする」と言えば、技術委員会は反対しない。技術委員会は日本代表のサポート部門を自認している。ある意味、勝利至上主義なのだ。勝つためという題目があれば、そのときどきの監督がどんな戦術を使ってもいいしプレースタイルが限定されることもない。これはもう監督を選んでしまった以上は任せるしかないのが原則で、後から四の五の横やりを入れる方がおかしい。問題は監督選定の段階にある。

協会の長期的な強化に合致する監督を選んでくるのが筋のはずだが、肝心の協会側の方針というものがないに等しい。監督の後押しはするが先導はしないのが技術委員会の姿勢である。日本代表は将来こういう結果を出しますという話は聞いたことがあるが、そのためにこういうサッカーをやっていきますという具体的な話を聞いたことがない。FIFAランキング○位以内とかワールドカップ○位という結果だけで、そこへ至るまでにどういうステップを踏むのかの話がないのだ。これではいくら優秀な監督を雇っても、いや優秀であるほど監督がすべてになってしまう。監督の方針が日本協会の方針になってしまう。だが、監督の任期を4年以上延長したことがなく、つまり次の監督が違う考えならばやはりそちらになびいていくので、協会の方針は一定しない。一定しないというより実は最初から方針が「ない」だけなのだが、外から見ればその都度ブレているように見える。

例えば、ザッケローニからアギーレにはまだつながりがあったが、ハリルホジッチで路線が変わっている。それは協会の考え方が変わったのではなく、たんに違う考え方の監督に代わっただけなのだ。つまり、ハリルホジッチ監督が退任して新監督が就任し、新監督の考え方や戦術や指向するサッカーが違っていれば、自ずと協会の強化方針も変わる。だからハリルホジッチがどんな結果に終わろうと、おそらく何の影響も及ぼさない。監督によって考え方は違うほうが普通であり、そもそもロシアワールドカップが始まる前から協会は次期監督の選定を始めているはずだからだ。ワールドカップの結果が出る前に、次の監督が内定している可能性があり、その場合当然結果は関係ない。なぜ、集大成のワールドカップ終了を待たずに次期監督選びを始めるかというと、外国人監督の場合はワールドカップ終了後に契約交渉を始めても遅いからだ。夏のシーズンオフ中に契約を詰めないと、その後はフリーの監督を探すのが難しくなり選択肢が限られてしまうという事情がある。

せめてアジアカップまで監督の契約を延長するか暫定的な監督を立て、その間に新監督の選定をしたほうがいいのではないかと思う。もちろん、技術委員会を中心に日本サッカー協会が強化方針を明示するのが前提だ。ワールドカップの結果を踏まえて将来に向かって日本代表の強化をどうすべきかを腰を据えて話し合い、方針を立ててからゆっくりと監督を選定すればいいのではないか。ただ有名で有能な監督をつかまえてくればいいという時期は過ぎたのではないか。いくら優秀でもチームに合っていなければ機能しない事例は、Ｊリーグでもたくさん見てきたはずだ。

おわりに――監督と二つの鞄

あなたにとって理想の上司とは？

有名人なら誰が理想の上司かというアンケートが毎年行われていますが、これをサッカーの監督に置き換えたらどうなるだろうということで本書の企画が始まりました。ちなみに明治安田生命保険相互会社の２０１７年ランキングでは、男子部門の１位が内村光良さん、女子はアナウンサーの水卜麻美さんだそうです。サッカー界からランクインしているのは長谷部誠選手（14位）と引退した澤穂希さん（6位）でした。上司としては若い気もしますが、アンケート対象が新入社員なので上司でもおかしくないわけですね。

プロのサッカー選手は個人事業主なので上司はいないのですが、関係性からすると直接の上司は監督になると思います。

「自分を使ってくれる監督がいい監督」

選手に聞くとだいたいそう言います。どんなに優秀な監督でも、自分を起用してくれない監督は「悪い監督」なんです。はっきりしています。やっぱり個人事業主同士の関係ということです。

理想の上司の条件は「親しみやすい」「知的」「頼もしい」などのようですが、理想の監督の条件はほぼ1つしかありません。勝てる監督です。育成年代の監督は指導力のほうが重要かもしれませんが、プロの場合はとにかく勝つことが第一です。負けっぱなしだとクビになっちゃいます。ただ、勝てる監督といっても優勝監督だけが理想かというとそうではありません。降格の危機から救ってくれる人は、降格しそうなチームにとっては理想的です。若い選手を育ててほしいクラブなら、指導力のある監督が理想になるでしょう。もちろんある程度は勝てないとダメですが。勝てる監督といっても、一番多く勝たなければいけないわけではありません。ファンにとっても勝てる監督が一番ですが、見ていて面白いサッカーをしてくれる、納得感のあるプレーを実現してくれる監督も人気が出ます。

本書ではいろいろなタイプの監督をとりあげました。

正直、筆者が個人的にはよく知らない監督もいます。もしかしたら的外れなことを書いてしまったかもしれないので申し訳ない気持ちもあるのですが、なるべく客観的に監督像をわかりやすく提示してみようと試みてみました。皆さんにとって、理想的な上司になれそうな監督はいたでしょうか。

1960年代にベンフィカの黄金時代を築いたベラ・グットマンという監督は、こんなことを言っています。

「監督は常に2つの鞄を用意しておくものだ。1つの鞄にはサッカーの知識が詰め込まれている。もう1つは日用品が入っている。もし、自分の思うような指導ができない状態になったら、いつでも2つの鞄を持ってチームを去ることができるように」

監督が雇われの個人事業主だということがよくわかる言葉だと思います。グットマンは大変クセの強い監督で、腕は確かなのですが1つのチームに腰を落ち着けたことがありませんでした。ハンガリーのキシュペストというクラブの監督をしていたときにこんなことがありました。ある試合で、チームのエース格の選手がグットマン監督のハーフタイムの指示をあからさまに無視しました。フェレンツ・プスカシュといって後に50～60年代のスーパースターになる選手でした。グットマンの前任者がプスカシュの父親だったことも関係があったかもしれません。すると、グットマンは後半が始まるとまもなくベンチを出てスタンドに上がりました。スタンドにいたファンは何事かと思ったことでしょう。グットマンは競馬新聞を広げてしばらく読みふけっていましたが、やがてスタジアムから出て、それっきり戻ってこなかったそうです。

ACミランを率いていたときには、なぜか首位なのに解任されています。おそらくフロントと上手くいっていなかったのでしょう。

「私は犯罪者でもホモセクシャルでもないのに解任されました。では、さようなら」

群がるメディアにこう言い捨てて去って行きました。ホモセクシャルのくだりは現代ならそれだけで問題発言ですが、まあ昔の話です。要は不当解雇だと言いたかったのでしょう。それ以後、グットマンは「チームが首位なら解任されない」と契約に加えるようにしたそうです。

ベンフィカを辞めるときは有名な「グットマンの呪い」を残していきました。

「今後、ベンフィカは100年間ヨーロッパチャンピオンになることはないだろう」

グットマン監督のベンフィカは1961、62年のチャンピオンズカップを連覇していましたが、それを最後にチャンピオンになっていません。実に5回も決勝に進みながら全部負けています。5回目の1990年の会場はグットマンの故郷であるオーストリアのウィーンでした。かつての教え子であるエウゼビオはグットマンの墓の前で涙を流して許しを請うたといいます。呪いが解けるまであと50年以上あるのでベンフィカは大変ですな。

ベラ・グットマンには数々のエピソードがあり、米国では禁酒法時代に「スピークイージー」として知られていた違法酒場の経営者だった時期があり、第二次大戦後にルーマニアのクラブで監督をしていたときには物資不足だったのでサラリーを現金ではなく野菜を現物支給してもらっていたなど、波瀾万丈の監督人生だったようです。死後、グットマン愛用の鞄はオークションに出品されていたので、本当に鞄を持っていたのですね。

ベラ・グットマンほどアクの強い監督はそういませんが、どの監督もグットマン的な要素は持っているはずです。グットマンは選手を暗示にかける演出の上手さで知られていましたが、多かれ少なかれどんな監督も演出をしています。日常生活では恥ずかしく言えないようなことも選手の前では平気で口にします。士気を鼓舞するために演出も必要なときがあるからです。監督は監督を演じているのです。

経験から言いますと、解任が近くなると監督はやさしくなります。それまではピリピリと近寄り難い雰囲気だった人でも、次の試合を落とせば解任という状況になったり、シーズン途中で今季いっぱいの退任が決まったりすると、ふと素の部分が見えてくるんですね。監督を演じている部分がなくなってきて普段のその人に近くなるんです。いつもより気安く取材に応じてくれたりします。取材する立場としては有り難いのですが、何だかちょっと切ない気持ちもしてきます。もう鞄の整理がついているのだなと。

実際、解任が決まると監督は本当にあっというまにいなくなります。退任発表の翌日の早朝には段ボールに荷物を詰めて風のように去って行きます。そしてまた次の仕事場でグットマンの言う「2つの鞄」とともに新しい冒険を始めることになるわけです。

サッカーの監督が理想の仕事かどうかはわかりません。ただ、全力の濃い日々を送っている人たちなのは確かです。十人十色でいろいろな監督がいますが、皆さん力一杯闘っています。理想の上司かどうかもわかりません。が、人生の過ごし方としてはひょっとしたら理想的なのかもしれません。

西部謙司（にしべ・けんじ）
1962年9月27日、東京都生まれ。早稲田大学教育学部を卒業し、商社に就職も3年で退社。学研『ストライカー』の編集記者を経て、02年からフリーランスとして活動。ジェフ千葉のファンを自認し、タグマ版「犬の生活」を連載中。著書多数。

監督たちの流儀
サッカー監督にみるマネジメントの妙

発行日　2018年　1月30日　第1刷
著　者　西部謙司
発行者　清田名人
発行所　株式会社内外出版社
〒110-8578 東京都台東区東上野2-1-11
電話　03-5830-0368（販売部）
電話　03-5830-0237（編集部）
http://www.naigai-p.co.jp
印刷・製本　近代美術株式会社

ISBN 978-4-86257-348-3　C0075

サッカー書籍　好評既刊

初心者の素朴な疑問に答えた
サッカー観戦Q＆A　　**西部謙司**

「点があまり入らないのに何が面白いの？」「４－４－２、４－３－３て何の数字？」といった質問に、難しい言葉を使わず巧みに回答。サッカーの本質をシンプルに説明する禅問答的回答は玄人も目からウロコ。

定価・本体 1200 円＋税　ISBN 978-4-86257-290-5

解説者のコトバを聴けば
サッカーの観かたが解る　　**河治良幸**

サッカー解説者の「コトバ」には、サッカーをさらに深く楽しむためのヒントが詰まっていた。解説者・現役監督・実況アナウンサー・ジャーナリストへの徹底取材。新しいサッカーの観かたを提案する。

定価・本体 1200 円＋税　ISBN 978-4-86257-311-7

凡事徹底　**九州の小さな町の公立高校から**
Jリーガーが生まれ続ける理由
井芹貴志

熊本県立大津高校・平岡和徳監督。同校を全国大会の常連に育て上げ、巻誠一郎、谷口彰悟、車屋紳太郎、植田直通など、50 名近くのＪリーガーを輩出してきた人づくりに迫る。

定価・本体 1400 円＋税　ISBN 978-4-86257-314-8

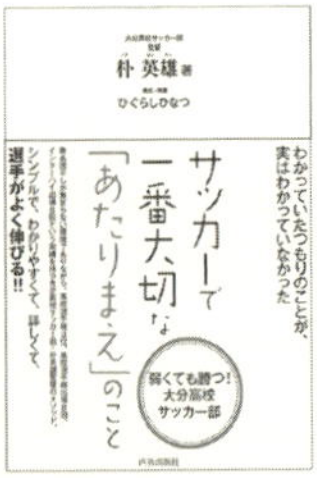

サッカーで一番大切な　　**朴　英雄**
「あたりまえ」のこと　　**ひぐらしひなつ**

無名選手しか集まらなくても、幾度も全国大会出場を果たしてきた大分高校サッカー部・朴英雄監督の戦術・指導法・チーム作り。見失われがちな「あたりまえ」の原理原則を言語化。サッカーの理解が深まる１冊！

定価・本体 1400 円＋税　ISBN 978-4-86257-254-7